1974

EL LEGADO DE LA NARANJA MECÁNICA

MIGUEL RUIZ

AF435390

1974 / Miguel Ruiz - 1a ed. - LIBROFUTBOL.com, 2021.
210 páginas; 15,2 x 22,9 cm.

ISBN 978-987-8370-47-7

1. Fútbol.
CDD 796.33409

1974
de Miguel Ruiz

Diseño de cubierta: Luciano Medvetkin
Maquetación: Luciano Medvetkin
Foto del autor: © Miguel Ruiz
Fotos de portada: © TOMIKOSHI PHOTOGRAPHY

LIBROFUTBOL.com
Olga Cossettini 1112 - oficina 8F - Ciudad de Buenos Aires -
Argentina

ediciones@librofutbol.com
+54 9 11 2215 1982
@librofutbol

1ª edición: septiembre 2021

ISBN 978-987-8370-47-7

ÍNDICE

PRÓLOGO

Es posible que todavía no lo sepan, pero han llegado hasta aquí para hacer un viaje. Un viaje al pasado. Vamos a retroceder casi 50 años, y lo vamos a iniciar con una guía infalible: un vistazo a lo que dijo la prensa de aquellos días de un evento histórico. ¿Se vienen?

Queda poco más de un año para que el dictador Francisco Franco desaparezca y nuestro país esté a punto de abrirse a la democracia. El cantante Camilo Sesto triunfa con sus actuaciones en Madrid, y en nuestros cines se estrena la comedia *Un toque de distinción*, protagonizada por George Segal y Glenda Jackson. Mientras, en la ciudad alemana de Frankfurt, un multimillonario brasileño de 58 años, un doctor en derecho llamado João Havelange, es elegido presidente de la FIFA tras vencer por un margen ínfimo al veterano inglés Stanley Rous. Havelange es visto como la opción "joven y renovadora" y en Europa su triunfo se vende como una derrota para el fútbol del Viejo Continente. En la víspera de ese 11 de junio de 1974, España es confirmada como sede de la Copa del Mundo de 1982. Curiosamente, ocurre unos días antes del estreno del último Mundial al que ha faltado nuestra selección hasta la fecha.

Todo está preparado para la gran cita. Pelé, líder de la campeona del mundo, aterriza en el aeropuerto de Frankfurt y, rodeado de niños con una camiseta que

luce el anagrama de una famosa bebida gaseosa, se hace una "inocente" foto de bienvenida.

Han pasado menos de 2 años del "Septiembre negro", el atentado terrorista que le costó la vida a 17 personas durante los Juegos Olímpicos de Múnich, y la seguridad es extrema en torno a las sedes del campeonato. No hay una mayor relajación en la pequeña localidad de Hiltrup, a las afueras de Münster, en el oeste del país, donde está concentrada la selección de los Países Bajos. "No podemos salir a pasear. La policía nos lo tiene prohibido", le confiesa en una entrevista Johan Cruyff al periodista de *Mundo Deportivo* José María Casanovas. En esa charla, Cruyff predice la final: "la jugaremos nosotros contra Alemania Occidental. Pero no lo diré a la prensa de mi país, porque si fallo, me matarán".

Ahí, "Johan I" y sus compañeros ya vienen de ganar su primer partido del torneo a Uruguay por 2-0, con doblete de Rep ("Johan III"). Ganan "sin pisar el acelerador", dice la crónica del diario *Marca* del día siguiente, ante el entusiasmo de 30 000 holandeses que acuden a Hannover. La presencia de aficionados *oranje* en los siguientes partidos no bajará de esa cifra, tiñendo de un intenso color naranja y un ambiente festivo los partidos de su selección.

Unos días más tarde, Holanda se frena ante Suecia (0-0). Los naranjas, "auténticos artistas", no pueden contra un adversario que les obliga a emplearse a fondo. Cruyff empieza a sobresalir, mientras su equipo exhibe su excelente preparación física. Pelé va avisando: "Johan ocupará mi trono". Pero no es el único con ese nombre que está destacando. Quizá por eso, antes del tercer partido, el fichaje de Neeskens ("Johan II") por el Barcelona se ve como un "gran negocio" en la prensa deportiva de nuestro país, que reseña que entre las 4 temporadas que vestirá de azulgrana, cobrará unos 13 millones de pesetas. Neeskens, que marca dos goles de penalti para celebrarlo, encarrila la goleada (4-1) ante Bulgaria, cuyo entrenador, Mladenov, declara que Holanda "hace el fútbol más moderno".

Termina la primera fase, y hay consenso entre la prensa española de señalar el nivel de juego como "bajo". Pero hay excepciones: Polonia y Holanda son vistos como "los equipos más brillantes hasta ahora". Esa expectación irá creciendo según se vayan quitando rivales por el camino. Holanda, que según Ramón Rovira practica el juego "más vivaz, alegre y con sentido de la profundidad", despluma a Argentina en una impactante goleada, 4-0. Ya la llaman "la apisonadora naranja". "Van Hanegem, Neeskens y Cruyff", dice la crónica de *Marca*, "tienen cada uno su estilo, pero todos están al servicio del equipo".

La aventura prosigue y en la concentración de Hiltrup no hay muchas cosas que hacer. Pero no todos pueden vivir con esa tranquilidad. Marinus Michels es seleccionador nacional, pero también es al mismo tiempo el actual entrenador del Barcelona, que tiene que jugar la final de la Copa del Generalísimo, en el estadio Vicente Calderón, contra el máximo rival, el Real Madrid. Cuatro ciudadanos y dos empresas le ofrecen al técnico de Ámsterdam su avión privado para poder asistir. Le ha dejado en funciones a su "segundo", Francisco Rodríguez "Rodri", la preparación y los entrenamientos, pero Michels no quiere abandonar a su equipo en una cita así, con lo que vuela a Madrid la mañana del sábado 29 de junio, cae goleado (4-0) y regresa al final del partido, de madrugada, para sentarse en el banquillo del estadio de Gelsenkirchen el domingo a las 5 de la tarde, contra la RDA.

El rival le propone un férreo marcaje al hombre, protagonizado por el que le hace Weisser a Cruyff, pero Holanda se impone, 2-0. Como es común en su camino por este Mundial, el primer gol de los holandeses llega pronto. La gran estrella no ha podido brillar como otros días, pero su entrenador le defiende: "Cruyff juega más sin balón que otros muchos con él en los pies". Para los críticos, Holanda ya es un equipo "irresistible". Pero en torno a la concentración no se habla de fútbol, sino de unos inusuales métodos de vigilia.

En medio del ambiente marcial, estricto e insípido que gobierna el día a día de otras selecciones, Holanda es noticia antes de jugar su final anticipada contra Brasil. Klaus Schlutter, reportero del diario sensacionalista *Bild*, se cuela disfrazado de camarero en la fiesta de celebración de la victoria ante Alemania Oriental. Los jugadores, cuyas esposas han abandonado hace unos días la concentración, se corren una juerga antológica. Se descorchan un centenar de botellas de champán, alguna de las cuales sirve para aderezar el baño de algunas de las estrellas del equipo junto a un grupo de desconocidas señoritas en la piscina del hotel, hasta altas horas de la madrugada. Mientras, Michels celebra junto a su esposa, a decenas de kilómetros de allí, su aniversario de boda.

Pero eso es algo que no parece afectar el rendimiento de la gran sensación del torneo. En medio de una inmensa expectación en Dortmund, donde se han pagado en la reventa el equivalente actual de 75 euros por una entrada, una tremenda tormenta retrasa media hora el inicio del gran partido. El vigente campeón contra el gran aspirante. Brasil, que juega al contraataque, usa un juego muy duro, permitido por el árbitro. Según la crónica del diario *Marca*, el equipo de Zagallo "pierde los papeles". Y acaba ganando "el mejor, el más rápido, el equipo con mejor condición física".

A Cruyff solo le falta "ganar un Mundial" y está a las puertas de conseguirlo. Holanda se mide a la República Federal de Alemania el domingo 7 de julio de 1974 en el Estadio Olímpico de Múnich, en medio de un abrumador dispositivo de seguridad y un ambiente de gran expectación que lleva a la actriz Liz Taylor a pagar "más de 100 000 pesetas" por dos entradas de palco. Son 90 minutos de tensión, cuyo desenlace ustedes ya conocen, pero puede ser que haya detalles que durante medio siglo se les hayan escapado.

¿Cómo se gestó ese equipo legendario, que se quedó a las puertas de la gloria pero que será más recordado que algunos campeones del torneo? ¿Qué fue lo que lo convirtió en un grupo de jugadores tan especial? ¿Cómo eran sus protagonistas? ¿Qué hizo Rinus Michels para transformar el concepto de fútbol moderno?

¿Quieren saberlo? Les doy una pista: una vez inmersos en este viaje, solo tienen que pasar esta página. Un gran periodista, Miguel Ruiz, se los va a contar.

Fernando Evangelio

Periodista

CAPITULO 1

LA IDEA

Es difícil llegar a una conclusión clara sobre quién es el personaje fundamental en los hechos de cualquier historia. Los hechos suelen depender de un conjunto incontable de variables. Y si lo pensamos, casi todo en esta vida nos hace llegar un poco a esa conclusión. Los protagonistas de las historias que consumimos desde niños no son sino una pieza más dentro de un entramado mucho más complejo.

Quitar a Aladino de la célebre historia de Disney sería muy complicado, pero no podemos obviar que es una pieza más cuando intentamos arrancar a cualquiera de los otros personajes de la ecuación global que es la historia. Deja de tener sentido de la misma manera que en el ejercicio de arrancar al muchacho protagonista de la misma. Todos sirven a un mismo propósito que se tambalea cuando algo se mueve o se elimina.

Con la historia que tengo entre manos pasa algo muy parecido, puesto que los hechos no comienzan y terminan. Los hechos siguen vivos. Son parte fundamental de la historia que aún hoy estamos viviendo. Y, por supuesto, tampoco es del todo correcto decir que ten-

gan su comienzo en un punto específico de la historia. Sesgar una historia tan larga con algo que apenas duró unos meses puede ser un crimen. Sería muy complicado hablar solo de esos días en los que el Mundial de 1974 se desarrolló en lo que entonces era Alemania Federal. Y a su vez la trascendencia de esos pasos justos en ese momento y en ese lugar, hacen posible que hoy, casi 50 años después, la historia se siga contando. Sigue siendo un momento trascendente en la historia de un deporte que mueve los sentimientos de millones de personas generación tras generación. Y como no quiero sentirme ese conductor que, sin saber bien dónde quiere ir, nos despista cuando conducimos poniendo el intermitente al lado contrario del que luego toma, trataré de ir poco a poco.

Ignorando la dificultad de nombrar personajes principales, he elegido un primer protagonista entre los muchos que debe tener esta historia. Pero como considero que sacar unos hechos de su contexto global sería un error enorme y entendiendo que todos los pasos dados influyen en el destino final, sobre todo los tropiezos o las dudas sobre qué camino tomar, empezaré por el principio.

Y si hay que elegir, deberíamos empezar a buscar en Ámsterdam. Es ahí donde estará el punto de partida. Y si bien es complejo elegir personas, no lo es tanto con los lugares. Y se puede decir que la capital de Países Bajos es una de las ciudades más importantes en esta historia. Ámsterdam recoge en sus calles tantas historias como cualquiera de las grandes capitales europeas, pero lo cierto es que, en esta historia en particular, fue testigo de excepción de gran parte de los hechos que desembocaron en los pasos gestantes de lo que sería y fue la selección nacional de Países Bajos en 1974. Quizá incluso podamos tomar como protagonista a la ciudad neerlandesa.

El camino, no obstante, comienza varios años atrás. Todo empieza con la fundación de un club que sí será imprescindible para el contexto global del viaje a emprender. Y, con el tiempo, también en comprender la idea global de lo que fue Países Bajos en el Mundial de 1974. Quizá esa sí sea protagonista. La idea.

Y esa idea nace, como con muchas de las grandes historias, con una relación de amistad. Con la afición por el fútbol y con el sonido inconfundible de un bar de fondo. Charla, balón y bullicio.

Se sabe que a finales del siglo XVIII, un grupo de amigos se dedicaban a gastar su tiempo en la capital neerlandesa entre charla y bullicio. Entre esos contertulios se encontraban Floris Stempel, Johan Dade, Chris Holst y Carel Reeser. Cuatro compañeros que, movidos por la afición al balompié y por una ambición desmedida, crearon un equipo de fútbol. En esas mesas nació, al menos como primera idea, el club que hoy es conocido como Ajax.

El registro definitivo del club llegó en marzo de 1900, un año significativo para la llegada de uno de los grandes clubes de la historia de este deporte, que sumaba uno más en una Europa que empezaba a ver nacer a muchos de los equipos que hoy reinan en el balompié moderno. El ya citado Stempel dirigió los primeros partidos del recién creado equipo y consiguió, en pocos años, registrarlo en la Federación Neerlandesa de Fútbol. Ese paso, fundamental para el progreso del equipo, los capacitó para ascender, también de manera rauda, al primer nivel del fútbol neerlandés. Un hito que llegaría en el año 1911 y que Stempel no podría ver ni celebrar, al naufragar el barco que lo llevaba de camino a Surinam solo unos meses antes de producirse el citado ascenso.

Si bien es cierto que la llegada del Ajax a la élite fue sorprendente, pues superó ampliamente todas las expectativas puestas en ellos, las dudas recorrían todos los estamentos del club. A nivel deportivo no había ni estabilidad ni una estructura que diera confianza a equipo y afición para poder seguir progresando. Mientras todo se tambaleaba en las oficinas de un dubitativo Ajax, en Suiza un joven entrenador llamado Jack Reynolds probaba suerte en el Saint Gallen. Su historia y la del Ajax parecen no guardar vínculos, pero lo cierto es que, con el tiempo, estarían unidos de manera fantástica.

El inglés había llegado al conjunto suizo para entrenar después de que se hubiera retirado del fútbol en activo en el Rochdale de su tierra natal. A pesar de su poca experiencia como técnico desde la banda, se vio obligado a dar el salto a nuevos retos y viajar a Países Bajos se hizo evidente para él tras declararse la Primera Guerra Mundial. A pesar de la neutralidad siempre patente del país suizo, se veía afectado por la cercanía con grandes implicados del conflicto desatado en julio de 1914.

En cambio, la tranquilidad de Países Bajos, menos influido por el conflicto y con un estado de aparente normalidad, le daba la opción de seguir unido al deporte que amaba. Su carrera de entrenador podría seguir, pues, en la región de Holanda, a cargo de un club algo desestabilizado pero que parecía sobrevivir disputando un puesto en la élite del fútbol neerlandés. En 1915, Jack Reynolds tomó las riendas del Ajax.

La felicidad de la afición *ajacied* en el primer nivel había desaparecido tras verse abocados a descender solo dos temporadas más tarde del histórico ascenso. En ese escenario llegó Reynolds al rescate del conjunto capitalino. Un entrenador con apenas experiencia en los banquillos pero que había bebido de la influencia de algunos de los grandes teóricos del fútbol. Destacando en esa lista, estaría un importante compatriota suyo.

Jimmy Hogan, durante un entrenamiento

Jimmy Hogan no era más que un simple jugador cuando comenzó a pensar en sus preferencias e ideas para dirigir un equipo de fútbol. Perfeccionista, estudioso y apasionado de las variantes tácticas, Hogan había ido componiendo por medio de notas y análisis un plan propio para su siguiente paso. Ser entrenador era algo evidente, como se puede esperar, de alguien con esa

inquietud por lo que sucede en un campo de fútbol. En una Inglaterra algo inmovilista con la teoría balompédica, Hogan se sentía a menudo frustrado por el escaso estudio de las vías tácticas de los equipos en los que estaba o contra los que jugaba. En uno de esos partidos, que lo enfrentó al Dordrecht neerlandés, decidió poner fin a su carrera y tratar de enfocar las virtudes de ese equipo y mejorar su rendimiento. Hogan colgó las botas y se puso manos a la obra para entrenar al equipo en Países Bajos. Esos primeros pasos le valieron para entender que esa nación tenía una base más que importante para poder evolucionar rápidamente con sus teorías. A su juicio muy dotados técnicamente, los futbolistas neerlandeses se podían aprovechar con creces de su estudio táctico y de su preferencia por la escuela escocesa, más dada al pase que al regate. Precisamente esos avances le cerraron no pocas veces las puertas a Hogan en su Inglaterra natal, por lo que trató siempre de difundir por aquellos países que se lo permitieran todas sus ideas. En Dordrecht se empezaron a ver algunas de las primeras claves para entender lo que más tarde se convertiría en la base de una revolución que empezaría en esos días y que se desarrollaría por multitud de realidades futbolísticas. Sus ideas calaron en aquellos que quisieron sentarse y escuchar lo que decía. Entre ellos, para suerte del Ajax, estaba Jack Reynolds.

Ya a los mandos del Ajax, Reynolds entendió que una de sus máximas aspiraciones debía ser aumentar los límites físicos de sus futbolistas, así como aspirar a realizar un juego vistoso, de combinación, que se basara en el dominio del balón, aplicando todos los recursos de innovación táctica que había desarrollado. Sin una dedicación total al fútbol, los jugadores debían comprometerse a mantener la forma para poder cumplir con los mínimos exigidos por el entrenador. Todo eso sin descuidar la técnica a la hora de chutar y pasar la pelota, algo en lo que Reynolds ponía mucho empeño. El inglés haría de esas mejoras la base de su plan de juego y le darían la base de los éxitos futuros. Con esa atención a la forma física e insistiendo en un juego más basado en los espacios y triangulaciones, el Ajax pasó de ser un equipo amateur a dominar el fútbol nacional. Con un juego estético, con *wings* o extremos habilidosos y rápidos, algo poco visto en Países Bajos, y un fútbol fluido, el Ajax se hizo con la Copa en 1916, así como logró dominar la liga neerlandesa en los años 1918 y 1919.

Al nivel de los primeros éxitos estaría el primer duelo contra el Feyenoord, un equipo de la ciudad de Róterdam, por la trascendencia que adquiriría el enfrentamiento y por los sucesos que propiciaron su rivalidad. Todo comenzó en ese primer duelo, que finalizó por 2-3 a favor de los de Reynolds. El conjunto de Róterdam se consideraba agraviado pues consideraba que, en el segundo tanto de los de Ámsterdam el balón no había atravesado del todo la línea de gol. Tras someterlo a debate, una vez finalizado el partido, se decidió retirar la validez al gol y el partido pasó a estar empatado a dos. Obviamente, esto desembocó en una oleada de rencor entre aficiones y miembros de los clubes que aún hoy conservan.

Los éxitos, de alguna manera, le ayudaron paralelamente a hacerse cargo de ciertas partes del club. Ampliando su poder a otros estamentos de la entidad, su implicación fue captando áreas de las que ocuparse en el club. Según afirmaba el propio Reynolds antes de su muerte, entrenaba a todos los grupos de edad del club, tratando de no variar el método, día y noche. De esa manera, se aseguraban recambios en caso de necesitarlos. Eran los primeros pasos de una cantera prolífica. Cumpliendo con ese perfil tan británico del *manager*, Reynolds llegó a tener tentáculos en prácticamente todos los niveles del equipo y sus decisiones llegaban a cualquier altura a nivel deportivo, convirtiéndose en capitán general del Ajax. Un equipo que pasaría de la mediocridad al éxito en sus manos. Reynolds y Ajax separarían sus caminos en 1925, cuando el entrenador inglés pasaría a entrenar a otros dos conjuntos de la ciudad, el Blauw-Wit y el FC Amsterdam, dos de los conjuntos rivales del propio Ajax. Como querido por el destino, el futuro del entrenador inglés parecía estar atado al del equipo *ajacied*.

Reynolds, durante un Ajax vs Xerxes, en 1947
- J.D. Noske

Volvió en 1928 para hacer ganar de nuevo otros seis títulos de liga al Ajax. Un equipo que con su nueva identidad empezaba a ser referencia seria de la cultura futbolística del país.

Esa segunda etapa sería interrumpida por el estallido de la Segunda Guerra Mundial. La guerra pararía por un tiempo el desarrollo del fútbol prácticamente en toda Europa. De nuevo el horror de la guerra se interponía en la carrera de Reynolds. Aunque la guerra parecía seguir siempre al entrenador inglés, él siguió dispuesto a conseguir vivir del fútbol. Esta vez, sin embargo, llegó a estar detenido, como otros muchos inmigrantes ingleses en suelo neerlandés.

A pesar del horror de los días de la guerra en Países Bajos y tras parar el conflicto, Reynolds no dudó en volver a tomar el mando del Ajax, para tratar de seguir el camino que la guerra había frenado. La tendencia en ambas guerras fue la de mandar a luchar a muchos de los jugadores que hasta ese momento eran vitoreados en los campos de toda Europa. No era sencillo encontrar futbolistas tras la guerra y muchos habían caído en el frente o en los campos de concentración. Creyendo en esa idea de planificación y mejora continua del jugador, el Ajax y Reynolds insistieron aún más en optimizar el fútbol formativo y poder contar con jóvenes que pudieran alargar el recorrido de su idea, implantando los mismos planes de entrenamiento y preparación de los partidos en las divisiones inferiores, algo que nos recuerda fácilmente al comportamiento actual de muchos de los clubes con su cantera. El entrenador consideraba que, con una exigencia máxima, lo mejor era facilitar que se pudiera inculcar la metodología de entrenamiento de manera sistemática y cuanto antes a las nuevas generaciones que deberían cubrir las muchas necesidades del equipo tras la guerra.

Si en la Primera Guerra Mundial se cuentan por decenas el número de jugadores de la Football League (competición previa a la Premier League inglesa) que lucharon y murieron en las trincheras, la Segunda Guerra Mundial no fue menos dura. Aun así, muchos consiguieron librarse de la carga de ir a una batalla con incierto resultado, pero las penalidades de la vida civil también hacían ver la dureza del mundo en guerra. Hambre, miedo... cada familia luchaba cada día tanto o

más que los jóvenes en el frente. Países Bajos esta vez sí sufría con fuerza las embestidas de una guerra que se intensificó en la zona tras el desembarco de Normandía y que destruyó las vidas de muchas familias.

En esa dura realidad crecía, como tantos otros en la misma situación, un joven de Ámsterdam vital en el fluir de la historia. Cuando en mayo de 1940 las tropas alemanas invadieron el país, Marinus Jacobus Hendricus Michels apenas había visto 12 primaveras. Con el tiempo se le conocería como Rinus Michels, el General, pero en esos días negros de guerra, solo era Rinus. A pesar de que la vida no era sencilla en esa Ámsterdam en medio de la guerra, el joven Rinus comenzaba a soñar con ser futbolista. Vivía junto a su familia tratando de alimentarse, escondidos en la capital de Países Bajos. El final de la guerra en Europa, tras cinco largos años, le propició mejorar sus condiciones y poder entrar a formar parte del Ajax. Era una de las vías para tener algo que hacer, romper la rutina, alimentarse mejor y, sobre todo, seguir con sus sueños. Comenzó en el filial, conocido como Jong Ajax, donde empezó a dar muestras de su facilidad para desenvolverse como delantero. Con asombrosa puntería para encontrar puerta, Michels lograba ser bueno en el área y, sin destacar técnicamente, se le abrieron las puertas del éxito en ese Ajax que acababa de recuperar a Reynolds como entrenador.

Se fijó pronto el inglés en ese espigado delantero del filial, que lograba goles con facilidad pero que parecía no tener demasiados recursos para destacar en el Ajax vistoso, técnico y alegre que aspiraba a conseguir Reynolds. Su facilidad de cara al gol, sobre todo con el remate de cabeza, le hacían un activo muy interesante y tremendamente valorado por sus compañeros. Michels era un habitual de las convocatorias y un jugador popular entre sus colegas. A pesar de que su habilidad no terminaba de ser la exigida, esa clarividencia goleadora le hizo ganarse el respeto del entrenador y le facilitó minutos de juego con el primer equipo.

Según cuentan las crónicas, el club tuvo que sobreponerse a diversas dificultades. Económicas, por supuesto, por la caída evidente de patrocinadores para el equipo, pero también a la falta de infraestructura, mucha de ella destruida durante la guerra. Esos años se habían llevado gran parte de lo que era el equipo, pero en lo deportivo, Jack Reynolds logró salvaguardar el éxito incluso en las peores condiciones posibles. Se retiró con 66 años como entrenador, tras hacer ganador de liga al Ajax en el año 1947, precisamente con Rinus Michels en el equipo. Reynolds se marchaba dejando al Ajax donde siempre pretendió que estuviera.

Ese último legado de Reynolds fue uno de los dos torneos como jugador que decoraría el palmarés del delantero centro de Ámsterdam. El segundo llegaría casi 10 años después, cuando se hizo con la primera Eredivisie (la primera que se celebraba con ese apelativo) en 1956, solo dos años antes de que dejara el Ajax para siempre. Ese corto palmarés no significaría nada en pocos años, pues la historia de Rinus Michels apenas había comenzado a escribirse. Todo el fútbol que Michels tenía se lo dio sin condiciones a equipos de su ciudad (primero al Ajax y finalmente al pequeño Zandvoortmeeuwen). El primer regalo de Michels a la ciudad en sus momentos más duros.

Su escaso bagaje profesional no tuvo tanto que ver con su falta de calidad, pues fue incluso internacional en varias ocasiones, sino con su afán por pasar al otro lado de la banda. Su afición por el deporte y su excelente estado físico le empujaron a seguir por esa senda para tratar de ganarse la vida. Rinus se preparó como profesor de educación física, pero hiciera lo que hiciera, el fútbol seguía tentándole. Por ese motivo empezó a desempeñarse como entrenador novel de varios clubes de la ciudad de Ámsterdam. Equipos pequeños, donde ir dando forma a su propia idea de juego, probándola y asentándola en su propia metodología. Años de mirar fútbol, aprender, entender y mejorar. Gran parte de su influencia la tomaría precisamente de su exentrenador, Reynolds, pero también de algunas tendencias que iba a encontrarse en esos primeros años de toma de contacto con el rol de entrenador.

Mientras tanto, el Ajax seguía su camino sin Rinus y sin Jack. Y lo hacía bajo el mando deportivo de Vic Buckingham, otro inglés con ideas innovadoras. Su mano en el conjunto neerlandés preparó el terreno para la modernización definitiva del club, consiguiendo además añadir a las vitrinas del Ajax una Eredivisie y otra Copa KNVB (las siglas de la *Koninklijke Nederlandse Voetbalbond* o Real Asociación Neerlandesa de Fútbol). El club seguía ganando peso nacional e iba asentándose en ese altar de grandes equipos en el que sus fundadores soñaron con ubicarlo. A pesar de sus éxitos iniciales y tras algunos años de sequía, la directiva del Ajax empezaría a mirar con interés los pasos de ese delantero retirado del club que venía haciéndolo bien como entrenador en varios equipos de barrio. Rinus Michels empezaba a estar en el punto de mira de los directivos del Ajax.

La esperanza del club en la sangre nueva y las ideas que parecía portar el exdelantero se hizo efectiva tras el cese de Buckingham en 1965. Ambos vieron lógico separar sus caminos buscando nuevas metas y ese escenario iba a ser aprovechado por Michels. Y Rinus volvió a casa. Más allá de las necesidades o el descontento con Buckingham, la figura de Michels reunía algunas características que facilitaban su elección. Una de las más importantes fue que era neerlandés. Después de muchos años confiando en el talento y la revolución inglesas para el banquillo, el club quería apostar por un hombre que había surgido de la escuela del Ajax. Discípulo de Reynolds, además, era visto con buenos ojos por su conocimiento del mundo del deporte, su formación y, sobre todo, porque había crecido arropado por la cultura futbolística del Ajax. Se entendería por ello que, en el caso de que la solución no funcionara, la gente sería más paciente a la hora de darle una oportunidad a su metodología. A mediados de los años 60 y con toda esa amplia gama de ingredientes, se presentaba el caldo de cultivo perfecto para comenzar una época inolvidable en el equipo de Ámsterdam. Un primer paso fundamental para entender lo que fue la selección nacional de Países Bajos en 1974 y un paso gigante para entender las ideas de Rinus Michels como entrenador.

El primer objetivo de Rinus fue tratar de asentar al club en una dinámica ganadora. Esta era una situación que había perdido tiempo atrás, aún en las manos del inglés Buckingham. Michels confiaba en sus ideas para lograrlo, pero eso exigía mucho del club y de la plantilla. Los puntos innegociables del Michels entrenador pasaban por dos columnas que necesitaban ser estables y que se presentaban en concordancia absoluta con su preparación como profesor de educación física: pragmatismo y espíritu de lucha y trabajo constante.

Menos obsesionado con el ataque que su maestro Reynolds, Michels trató de enfocar sus esfuerzos, de inicio, en la construcción de la defensa. Tomando algunas pautas incluso de otros deportes, como el baloncesto, Rinus trataba de visualizar el juego como un todo, donde las piezas deberían involucrarse activamente en las dos fases de juego. Defender para atacar y atacar para defender. En contra de lo que había sido la idea de fútbol en los años anteriores, como comenta el maestro Álex Couto en varios de sus libros, el juego de Rinus Michels exigía poder acumular muchas piezas ofensivas en una zona en la que, tras robar, podían encontrarse

mucha oposición, pero en la que podrían acumular con cierta facilidad multitud de opciones para llegar al gol. Ese *pressing*, hasta entonces poco trabajado, significó un difícil muro para sus rivales.

Para Michels, el gran trabajo previo en el estudio del rendimiento físico le permitiría potenciar de la mejor manera esa parte del entrenamiento de sus futbolistas, dotándoles primero de las herramientas, para después poder interiorizar una idea novedosa, exigente y que, con las piezas necesarias, podía cambiar el fútbol a partir de entonces. En esas primeras semanas, la frustración era total. La exigencia era absoluta y, poco acostumbrados a ese nivel de requerimiento físico, muchos jugadores llegaban a ver imposible ejecutar las teorías de juego de Rinus. De ahí que una parte importante de su éxito residiera en la persuasión. Que el entrenador convenciera a sus pupilos de que esa era la vía del éxito es toda una hazaña.

Pero también había una parte táctica importantísima en la que Michels había profundizado de manera ejemplar. Con todo lo aprendido de sus entrenadores, pero también a través de la visualización de sistemas, estrategias y características que encontró, observó y trató de llevar a evolución él mismo desde su propia perspectiva y experimentación. Desde el *Wunderteam* austriaco a las teorías de Máslov en la Unión Soviética, pasando por el éxito de los Magiares Mágicos de Sebes en los 50, Rinus Michels se nutrió de todas las escuelas posibles para encontrar el equilibrio y las ideas necesarias para componer su propia idea.

Uno de los grandes ejemplos de los que bebería Rinus se publicaba justo en el momento en el que Vic Buckingham salía del Ajax en 1965 para dejar paso a Rinus. Ese mismo año, en Argentina se publicaba un libro llamado *Táctica y estrategia del fútbol*, un volumen firmado por Argentino Geronazzo y Osvaldo Zubeldía, dos entrenadores argentinos que iban a tener un peso enorme en el aprendizaje del técnico neerlandés. Estos dos entrenadores teorizaban en sus páginas sobre sus propias ideas a la hora de definir las estrategias posibles en el balompié de la época. Ese manual, considerado aún como una pieza de gran valor, ya venía anunciando que en la cabeza de Zubeldía se batía con fuerza la necesidad de indagar en los secretos tácticos del fútbol.

Considerado uno de los primeros grandes teóricos del fútbol, Zubeldía cautivó con sus ideas y con su competitividad este deporte. Exjugador de, entre otros, el Club Atlético Boca Juniors, su mayor éxito en el fútbol le llegó en los banquillos. Su cabeza le dio para crear un equipo de ensueño, con ideas innovadoras y tratando siempre de prever y superar todos los baches que el rival pudiera poner en el camino. Con una forma de entender el juego muy particular, Zubeldía logró aunar de manera quizá injusta, similares fanáticos y detractores de su trabajo.

El mismo año en el que publicaron su libro, el técnico argentino llegaba a Estudiantes de la Plata para tratar de salvar al club. El conjunto platense no estaba pasándolo bien en el torneo argentino y se encomendaron a las ideas de Zubeldía. Con las indicaciones del entrenador bonaerense superaron las expectativas, quedando sextos de la tabla y convenciendo desde el césped de que su juego podía hacer llegar títulos al club. El entrenador creía firmemente en que el éxito podría llegar si el desempeño de los once jugadores era total, funcionando como un bloque, tratando de ser útiles en cada zona del campo y en cada función, ya fuera atacar o defender. Cuando se habla de ese Estudiantes de Zubeldía, se olvida a menudo esa parte fundamental de su juego, mientras que priman los recuerdos sobre su dureza y sus "malas artes". A pesar de eso, hay que reconocer

que el índice de compromiso era grande. Ganar lo era todo, a casi cualquier precio.

Ese compromiso en varios roles es una tendencia que se aplica con solidez en multitud de equipos en la actualidad, siendo común verlo en cualquier liga, pero trasladándolo a la época, podemos imaginar el impacto que tenía en un fútbol de funciones tan marcadas como era ese de la década de los 60. Se entiende pues que muchas de las enseñanzas de Zubeldía fueran más que importantes en la construcción de la idea de juego que vino a llamarse más tarde "Fútbol Total" de la mano de Michels. Estudiantes de La Plata aplicaba con firmeza esa idea tan de Hogan (y replicada por Reynolds) de aprovechar espacios y de mover el balón con velocidad, añadiéndole las características que el propio Zubeldía integró y exigió a sus jugadores.

Michels, en el banquillo del Ajax en 1967 -
Anefo

De alguna manera, la innovación que toma Michels de Zubeldía surge en esa idea de comportarse como un todo en el campo, creando un tejido táctico difícil de romper y que exigía como precio una gran preparación física. Esa pillería a la hora de buscar la victoria de cualquier modo ensució de alguna manera lo que era una muestra indiscutible de fútbol del más alto nivel.

Ese Estudiantes de La Plata, con hombres como Bilardo, Verón (padre) y también Aguirre Suárez (que llegó a jugar en España en el Granada), encandiló a Sudamérica y sorprendió en Europa en el año 1968, consiguiendo ganar al Manchester United del célebre Matt Busby en la edición de ese año en Copa Intercontinental. Esos años de dominio platense influyeron sin duda en un Michels que afirmó en no pocas ocasiones su admiración por el trabajo de Zubeldía.

No es difícil, por tanto, trazar un paralelismo entre esa idea de juego conjunto, esa competitividad y esas dos caras de una misma moneda en el Estudiantes de Osvaldo Zubeldía con la idea de juego que empezó a gestar Rinus Michels en el Ajax. Ese punto competitivo de bipolaridad a la hora de jugar, que aunaba virtuosismo y calle (mucha calle) define una parte esencial de lo que el Fútbol Total era y representaba para el General.

La idea del todo, en fútbol, es muy abstracta. En ocasiones, cuando se mencionan las ideas de Michels, se olvidan varios matices que realmente lo elevan a la altura de lo que fue. Incluso se olvidan que hubo grandes referentes que convirtieron su idea en lo que fue: Meisl, Sebes, Máslov, Zubeldía o el propio Reynolds son ejemplos claros de que el fútbol le fue regalando ideas sueltas que, en su cabeza, alcanzaron la sublimación de un puzle y de una idea original.

Aunque nos llega en demasía el gusto por el pase, la polivalencia, el *pressing* y la fluidez de los pupilos en torno al balón y la búsqueda constante de la oportu-

nidad arriba, se habla pocas veces de ese perfil competitivo, incansable, físicamente superior, que lo hizo poder maniobrar con soltura en no pocos escenarios. Era imprescindible que ambas caras se dieran para que el todo existiera. La orquesta completa, no solo los violines, hicieron del fútbol de Rinus Michels objeto de estudio allá donde fue y propuso. Esa capacidad para calibrar con maestría la belleza, la precisión, el carácter ofensivo o el genio absoluto con la fuerza, la defensa, la verticalidad y el deseo absoluto por ganar y competir fue lo que hizo diferentes a sus conjuntos. Desde el joven Ajax del que estamos hablando hasta la selección que logrará alzarse campeona en la Eurocopa de 1988, también a sus mandos.

Si bien hemos comentado que el conocimiento de las posibilidades físicas y el trabajo de la idea futbolística convergen fácilmente en la cabeza de Michels, se debe dar importancia de nuevo a una ya citada: pragmatismo. Todo ha de estar al servicio del objetivo. Era imprescindible ser prácticos. La unión de su disciplina casi militar como profesor de educación física con sus ideas de juego traía características incuestionables a su idea de fútbol. Así como su vida, desde niño, le regalaron experiencias que le hicieron componer un retrato robot de lo que valoraría como técnico.

La primera y más destacada nace en el conglomerado de experiencias que se había encontrado durante la Segunda Guerra Mundial. Ese conflicto se había llevado parte de su adolescencia y había creado en él una personalidad luchadora, de supervivencia, que acentuaría ese idealismo pragmático. Incluso, de alguna manera, acabaría viendo el fútbol como una batalla. "El fútbol es la guerra", solía afirmar. No se le llamaba General por nada.

La segunda clave a añadir, quizá la más importante, era su curiosidad y deseo de mejora y aprendizaje, algo que comparten muchos de los ídolos y mitos de este deporte. Esa base inamovible recuerda los criterios inculcados por Reynolds a su llegada a Países Bajos, pero la incorporación de ciertos matices complejos y desarrollados en realidades muy distintas habla a las claras de su gran afición al fútbol. Encontrar ejemplos en el fútbol de la época, lejos de las fronteras de Países Bajos, no era sencillo, pero Rinus trataba siempre de fijarse en diferentes escuelas y modelos de juego para ser capaz de componer el suyo.

Rinus Michels trascendía todo lo típico. Y prueba de ello fue que observó con atención el pasado y el presente de este deporte hasta dar con un plan para el equipo que tenía en sus manos. Los primeros pasos para hacer de sus equipos un emblema. Algo inolvidable.

En esos tiempos, Rinus Michels estaba aún comenzando en el Ajax. Un proyecto entre manos que necesitaba profesionalización, eliminar dudas, salvar obstáculos y, sobre todo, creer. Y para eso habían firmado a Rinus. Y como de puntos clave hablamos, hubo uno que lo cambió todo. Michels supo ver algo que sería trascendente y que le haría integrar una variante en su idea. Esa viveza a la hora de reconocer la oportunidad y la clave en un campo de fútbol no estaba separada de analizar el talento. Y pronto supo que no iba a estar solo. No en lo que se refiere a decidir lo que pasaría en el campo. Su visión iba a ser básica, pero tendría un ingrediente clave que lo cambiaría todo. Una figura que aún no sabía que lo iba acompañar casi en toda su carrera, a casi cualquier lugar donde fuera a entrenar, y que lo ayudó a encontrar soluciones a los problemas que pudieran surgir en un modelo casi perfecto.

Pese a toda la amalgama de contenidos, ideas, pensamientos, referencias y dibujos tácticos que ya le venían a la cabeza, Rinus Michels tendría que convivir con un caso extraordinario. Una clave que potenciaría y transformaría las opciones del Ajax para ser dominante en Países Bajos y en el mundo.

Ese acompañante, que tuvo permiso para romper el equilibrio y hacer de ese desorden una virtud, sumaba enteros a sus ideas. Con todo aún en construcción, una incógnita se sumaba a la ecuación que preparaba el técnico neerlandés. Un nuevo componente formidable que sería el catalizador del modelo de juego y que casaría plenamente, si no con el orden, sí con el pragmatismo y la competitividad que proponía y exigía Michels. Los genios aparecen así, de la nada. Pocas veces se les espera.

CAPÍTULO 2

EL LÍDER

Aún a riesgo de hacer demasiado protagonista un lugar, cabe destacar que el tejido conectivo entre todo lo visto con anterioridad y el nuevo protagonista esencial de la historia sigue siendo la capital de Países Bajos.

Lo cierto es que la Segunda Guerra Mundial hizo estragos en todo el mundo. El dolor, consecuencia inexorable de cualquier guerra, se hizo patente en el continente europeo y las heridas tardarían décadas en sanar o, al menos, en empezar a hacerlo. Olvidar no iba a ser sencillo para nadie, pero hubo zonas especialmente sensibles a los desastres acaecidos durante el conflicto. En Ámsterdam, las heridas fueron profundas.

A pesar de que actualmente su simple mención nos hace visualizar la belleza de una ciudad moderna, colorida y unida a la imagen del mar de bicicletas frente a los canales, la urbe tuvo un periodo aciago en el que el color dejó paso a la decadencia, el sufrimiento y la oscuridad. La neutralidad política de Países Bajos no salvó del siguiente gran conflicto al país de los tulipanes. Un espacio de tiempo corto, desde la perspectiva de la historia, pero enorme desde la perspectiva de la

humillación, del dolor de la sociedad neerlandesa y, especialmente, de lo que supuso la entrada de los nazis en la ciudad para la comunidad judía de Ámsterdam.

Ciudad acogedora en los años 30, muchas familias de origen judío huyeron del horror de diversos países europeos hacia Países Bajos, en especial a la capital, sin saber que se encontrarían con la ocupación alemana pocos años después. Cerca del 10% de la población total de la capital en ese entonces representaba a la comunidad judía en el país neerlandés y significó gran parte de las heridas emocionales de la ciudad en los años posteriores al final de la guerra. La recuperación nunca sería completa y la brecha difícilmente se cerraría.

En mayo de 1940 el ejército nazi entró en Ámsterdam tomándola por la fuerza. No tuvo que luchar mucho y lo cierto es que en pocas semanas lograron ponerla en poder de las SS. Muy pronto comenzarían a operar en el país, movilizando a gran parte de la población a campos de concentración. Aunque es cierto que encontraron cierta resistencia local, sobre todo en barrios obreros, con huelgas y revueltas que trataron de retrasar la fatalidad, el Reich alemán acabó contando con el colaboracionismo por parte de algunos de los representantes de la administración local, así como de la policía y, en especial, de la empresa del ferrocarril estatal.

Esa ayuda por parte de la *Nederlandse Spoorwegen* (ferrocarril nacional de los Países Bajos) fue esencial para el traslado de cientos de personas al día y una de las grandes vergüenzas nacionales de Países Bajos. El traslado se producía especialmente a campos de trabajo como el de Westerbork (al norte del país), el de Mauthausen, entre las ciudades austriacas de Linz y Amstetten, o el de Buchenwald, cerca de la ciudad de Érfurt (Alemania). Esos desplazamientos en tren son parte fundamental para entender el horror sufrido por la capital del país durante el desarrollo de la Segunda Guerra Mundial. Muchos de los internados en estos campos de concentración, sobre todo en el de Westerbork, fueron desplazados con el tiempo al campo de exterminio de Auschwitz, en Polonia, donde muchos de los capturados eran ejecutados en la cámara de gas.

Ese fue el destino, sin ir más lejos, del exjugador del Ajax Eddy Hamel, un judío estadounidense que hizo su carrera en el fútbol jugando en el Ajax durante los años 20 y 30. Tal y como contó un compañero de Hamel en el campo de concentración, al ex del Ajax lo condenó a la cámara de gas un flemón que lo incapacitaba para los trabajos forzados a los que los sometían. Como a él, a muchos de los desplazados a Polonia los llevaron en los vagones de la empresa ferrocarril neerlandesa cada día, haciendo crecer con el tiempo la fatal cifra de asesinados durante la guerra en los Países Bajos. Como en todas las batallas, las historias suelen aparecer inconclusas, desmembradas, tratando de abrirse paso entre las versiones oficiales y el horror de las estadísticas. Cercenadas por la negación, el dolor, la vergüenza o, simplemente, por el paso del tiempo.

Una de esas historias comienza precisamente en Ámsterdam. Un muchacho veía por última vez a sus padres sin saberlo. "Hasta esta noche. Sé bueno", le dijo su madre tras dejarlo en la guardería. Ese mismo día, tanto la madre como el padre de ese pequeño subirían en uno de esos trenes de la *Nederlandse Spoorwegen* con destino a Westerbork. El crío no volvería a verlos. La vida le arrebataba lo más preciado que tenía sin siquiera saberlo para arrojarse a los brazos de su madre y despedirse entre lágrimas. El muchacho se llamaba Salomon Muller y había nacido en esa Ámsterdam de 1936, en medio de un conflicto que ya amenazaba con alcanzarlos. Sus padres desaparecieron ese día en el

tren y fueron gaseados tiempo después en el campo de exterminio de Auschwitz-Birkenau. En ese instante no lo sabía, pero ese niño, herido por el horror de la guerra y del odio humano, sería pieza fundamental en la vida deportiva de otro muchacho que iba a nacer solo cinco años después de que viera desaparecer a sus padres en la puerta de esa guardería.

Como se entrelazan las historias, debemos tratar de entrelazar el tiempo, los lugares comunes y las experiencias que hacen posible que el relato de esta historia llegue impoluto, claro y conciso a los ojos de quien quiera asomarse. Por eso los viajes por el tiempo son tan comunes en estas páginas. Habiendo perseguido ya los pasos de ese muchacho despidiéndose en los oscuros años de la guerra, es imprescindible avanzar unos años para encontrarnos con otro de los nombres propios del relato. Muchos dirían que la figura principal del mismo.

Solo dos años. Después de la salida del Tercer Reich de Países Bajos, el terror había acabado, pero quedaban muchas historias que intentar reconstruir de los añicos que había dejado esa época aciaga. Muchas heridas que cerrar y muchas vidas que intentar retomar. En el 47 una nueva se abría camino para hacer historia. Hendrik Johanes Cruyff nacía un 25 de abril de 1947.

Sus padres, Petronella y Hernanus, le decidieron llamar como al abuelo materno y nació en plena reconstrucción neerlandesa. Países Bajos iba hacia adelante con una mentalidad arrolladora, empeñados en luchar, en salir de ese horror sin comparación. Ciudades como Róterdam, ferozmente castigadas por los bombardeos, tendrían que reconstruirse y crecer de nuevo bajo el cielo de una Europa ya liberada del nazismo. En otras ciudades, como en Ámsterdam, la recuperación sería más lenta. En ella deberían recobrarse de algunas heridas más pesadas que los escombros que dejaron las bombas. Se estima que de las casi 80 000 personas de origen judío que vivían antes del conflicto en la capital neerlandesa, solo sobrevivieron alrededor de 5 000. La guerra dejó cerca de 250 000 muertos en todo el país.

Por facilitar que nos situemos en el plano que nos ocupa, el mismo año en el que el pequeño Johan Cruyff llegó al mundo, Jack Reynolds conseguía su último título con el Ajax antes de tomar la decisión de retirarse como entrenador. En esa Ámsterdam de posguerra creció Johan junto a su hermano Henny. La familia se había mudado al final de la guerra al barrio de Betondorp, un suburbio a las afueras que difícilmente podía distinguirse de un pueblo. Cerca de las granjas y los campos de cultivo, Betondorp era un barrio moderno, lleno de familias con ansias de prosperidad y en el que la familia Cruyff regentaba una frutería y verdulería, que permitía a Nel y a Manus, como se les conocía comúnmente, sacar adelante a sus hijos.

El pequeño "Jopie", como le llamaban en los círculos más íntimos, no era todo lo buen muchacho que se podría esperar del protagonista de una historia. Los problemas parecían perseguirle y él los encaraba sin demasiada pena. Inquieto, gamberro y con cierto aire arrogante, el Johan niño tenía cierta fama de rebelde en el tranquilo Betondorp. Los vecinos le temían y trataban de alejarse de su camino para evitar situaciones engorrosas, pues solo Nel, su madre, parecía tener mano dura con él. El padre de los muchachos, Manus, tenía la facilidad de reír siempre las gracias de sus hijos. Con Henny quedaba en anécdota, pero con Johan la situación solía tener consecuencias bastante molestas para la familia y para los vecinos del barrio.

Tenía la costumbre de ir siempre pegado a un balón. Incluso en sus clases, en el colegio y después en el instituto, Johan trataba de no despegarse de su bien más preciado. Con él pegado a los pies como si fuera una de sus extremidades, Johan iba y venía a todas partes, mostrando su habilidad a quienes quisieran desafiarlo. Él mismo cuenta en su autobiografía que siempre que se podía jugaba en la calle, como era costumbre, junto a otros niños del barrio. En ese campo, era el rey absoluto. Entre los niños del barrio se le conocía como Abe por su facilidad regateadora, a imagen del ídolo neerlandés Abe Lenstra. Flaco, en apariencia débil y rápido como una lagartija, el joven Johan Cruyff hacía virguerías en el asfalto de Betondorp.

Cruyff contra Jack Charlton en un Países
Bajos vs Inglaterra de 1969 - Anefo

Quizá pueda resultar extraño trazar una línea de unión entre el duro empedrado de las calles de los años 50 y su fútbol, pero él mismo lo hizo a menudo recordando el asfalto de su Ámsterdam natal. En el barrio las calles de hormigón (el mismo nombre de Betondorp significa "pueblo de hormigón") alejadas de los canales, los colores y la belleza de la capital de Países Bajos, eran el escenario donde las piernas de los jóvenes futbolistas daban rienda suelta a su pasión. Y fue en esas anchas calzadas y en los amplios espacios diáfanos del barrio donde se empezó a hacer evidente el desempeño de Johan Cruyff como futbolista. Y su contribución, importantísima. La dureza del suelo al caer hacía imprescindible coordinar bien los movimientos para ganar agilidad y caerse lo menos posible. Huyendo de los golpes, tocaba mejorar esa destreza conduciendo y esquivando los choques. Además, esa necesidad de recoger el balón rebotado en los bordillos irregulares de la calzada, con una pierna u otra indistintamente, le ayudaría a utilizar con corrección ambos pies, así como reaccionar de manera veloz a las posibles trayectorias y velocidades a las que fuera devuelta la bola. Y, obviamente, pesaba la diversión de jugar solo por el placer de jugar. Sin árbitros, sin líneas de cal. En esas inmensas zonas libres de obstáculos, conduciendo el balón, a veces sin porterías, con el único objetivo de regatear y disfrutar con la pelota, Cruyff empezó a pulir su personalidad y su habilidad como jugador.

Esa sensación desplegaría en él el uso indiscriminado de la técnica en favor del juego fluido, tanto individual como colectivo, que marcó su juego y su gusto por el fútbol. Esa predisposición para aprender el balompié en la calle lo empujó a seguir evolucionando en este deporte. Y le ayudó obviamente la cercanía de la familia Cruyff al club local, el Ajax. Muy cerca de su casa, apenas a unos metros de distancia, se levantaba el estadio de De Meer. Los gritos de la afición eran comunes en los días de partido y Manus Cruyff, que siempre había seguido al Blauw-Wit, empezó a sentirse más apegado al rojo y al blanco *ajacied*. Desde la frutería familiar proveían a muchos de los jugadores y al propio club de frutas y verduras para los entrenamientos y como presentes en caso de lesión o celebración. Nel y Manus tenían varios amigos cercanos relacionados con el club.

Uno de los grandes lazos de la familia con el conjunto de Ámsterdam era con el exjugador Arend van der Wel. Amigos desde hacía años, la relación con los Cruyff era muy fluida, compartiendo espacios de ocio durante gran parte de sus vidas.

Johan, que siempre solía pasar mucho tiempo con su padre, intentaba siempre acompañarle a llevar fruta y verduras al Ajax hasta las oficinas en el estadio. En esos días, Johan ya soñaba con ser parte del club, a pesar de que su físico parecía hacer albergar pocas esperanzas a quienes le conocían, a pesar de su evidente destreza con el esférico. Fue Henk Angel, otro de los conocidos de la familia, quien ofreció al joven Johan poder acercarse más al equipo ayudando a preparar el campo antes de los partidos y, más tarde, quien animó a que, a la edad de diez años, primero Henny y más tarde Johan, pasaran a formar parte de la cantera del Ajax. Todos entraron con prueba inicial, pero con Johan no hizo falta. Todos sabían lo que ese chaval escurridizo podía hacer con el balón.

Poco tiempo después de la entrada de los muchachos en el equipo, la familia Cruyff recibió un duro golpe. El padre de Henny y Johan y marido de Nel fallecería aquejado de un infarto de miocardio en 1959. Bebedor y fumador, Manus jamás había cuidado demasiado su salud. El trabajo duro en la frutería pudo hacer el resto. Este hecho cambiaría la vida de los Cruyff para siempre. Johan siempre estuvo muy unido a su padre y, según se cuenta, esa unión siguió incluso después de morir, teniéndole siempre muy presente en todas las decisiones que tomaba y confiando en poder hacer sentir orgulloso a su padre con sus logros deportivos, que no tardarían en llegar.

El vínculo roto entre Johan y su padre le hacía buscar figuras referenciales que pudieran cumplir, de algún modo, con ese vacío que le dejó Manus, siendo él aún un niño. Tiempo después del fallecimiento, tratando de huir del dolor, los Cruyff viajaron hasta la frontera sur de Países Bajos para visitar Enschede. Van der Wel invitó a Johan y a su familia para que conocieran la ciudad y pasaran unos días en su casa. Él se encontraba allí, pues tras su paso por las categorías inferiores del Ajax, había firmado por el SC Enschede, uno de los clubes fundadores de la Eredivisie y al que en los años 30 llegó a entrenar el afamado Béla Guttmann.

Fue en ese viaje donde Johan conocería al entrenador del SC Enschede. Se trataba de František Fadrhonc, un entrenador austrohúngaro con el que Henny y Johan confraternizaron de manera sencilla. Su afabilidad le hizo ganarse el respeto de los chicos, que pasaban jornadas enteras viendo al equipo entrenar junto a Van der Wel y Fadrhonc. Para Johan, el entrenador llegó a comportarse como un padre para él y para su hermano, acogiéndolos, queriéndolos y acercándolos, más si cabe, a su afición por el fútbol. Junto al entrenador checo aprendieron más y más del deporte que les daba tantos buenos momentos. El entrenador, nacido en Nymburg, entrenaba en Enschede desde 1956 tras pasar por el Willem II, encadenando muy buenos resultados con el equipo. En 1958, solo un año antes de la muerte de Manus, habían conseguido quedar segundos por detrás del VV Door Oefening Sterk (DOS). En esos viajes a Enschede, compartiendo tiempo y fútbol con Fadrhonc, se crearon unos lazos afectivos muy fuertes, algo importantísimo para Johan Cruyff por su gran sentido de la lealtad. Otro de los grandes nombres en cuanto a afinidad con Cruyff tras la muerte de su padre entrenaba en esos días al primer equipo del Ajax.

Johan Cruyff, con el Ajax en 1971 - Anefo

Vic Buckingham había nacido en Greenwich, Inglaterra, en 1915. Vino al mundo en medio de una guerra terrible y creció en medio de otra igual de horrorosa mientras se labraba un futuro ligado al fútbol. Es curioso ver cuán relacionados están muchos personajes en estas páginas en ese contexto que los acogió, por diferentes que fueran sus vidas, sus épocas o sus procedencias. Tras una carrera destacada en el Tottenham Hotspur, su carrera en los banquillos comenzaría en el modesto Pegasus de Oxford. Su nivel como entrenador en Inglaterra, tras sus paradas en Bradford y West Bromwich, le llevaron a ser llamado por el Ajax para tomar al equipo en 1959, tras el vacío dejado por el queridísimo Jack Reynolds. El club de Ámsterdam volvió a mirar a Inglaterra para buscar relevo al que sin duda fue su primer héroe en el banquillo. El acierto no se hizo esperar, pues Buckingham y sus innovaciones resultaron ser determinantes para el futuro de la entidad.

Y a pesar de sus éxitos y su gestión en el Ajax en sus dos etapas como entrenador, su mayor atino consistió en dar la confianza suficiente a un muchacho que despuntaba en las inferiores del club, procedente del barrio cercano a De Meer. Surgido en uno de esos equipos formativos que había creado Jack Reynolds, poniendo una de las primeras piedras de la prolífica cantera del Ajax, Johan Cruyff parecía llamar a las puertas del primer equipo. Y Buckingham le abrió sin temor la puerta.

Fue en su segunda aventura en Países Bajos, tras un breve parón entrenando al Sheffield Wednesday, cuando Vic Buckingham le dio al club el mayor de los legados posibles. En 1964, a la vuelta de su polémica etapa en Inglaterra bañada de sospechas, amaños y problemas judiciales, el entrenador inglés le dio la alternativa a Cruyff en el primer equipo. Ese muchacho flaco, en apariencia débil, que hacía virguerías con el esférico iba a convertir un domingo cualquiera en el día del debut de uno de los jugadores más grandes de la historia. Ese 15 de noviembre de 1964 en el que Buckingham decidió que Johan fuera titular en la alineación del Ajax, cambió para siempre el significado de ese día para el equipo y para todo el fútbol neerlandés.

En el 1-5-3-2 de Vic Buckingham, Cruyff ocuparía el puesto de interior zurdo por detrás de los atacantes Petersen y Nuninga. Cruyff no tenía problemas en adaptarse a cualquier posición. Le gustaba aprender roles distintos y su destreza y agilidad mental le capacitaba para adaptarse a las necesidades de casi cualquier rol. Ese mismo día también fue titular Wim Suurbier, que se convertiría en amigo cercano de Cruyff y que le acompañaría en gran parte de su carrera. A pesar del vendaval de juego del GVAV (equipo que daría lugar en los años 70 al moderno y conocido Groningen), el Ajax vislumbró una nota de color en el gris resultado de 3-1 en contra. Ese joven de apenas 17 años daba muestras

de ser un elegido. En el minuto 85 del partido, además, logró el único gol de los suyos para iniciar su cuenta goleadora desde los primeros minutos jugando con la camiseta del Ajax.

Ese mismo año, en 1964, Salomon Muller, el crío que no volvió a ver a sus padres después de despedirlos en la puerta de su guardería, comenzaba a ser básico para el Ajax. Fisioterapeuta y motivador nato, fue clave para que jugadores jóvenes como Cruyff confiaran rápidamente en él para preparar los partidos. Unido al Ajax hasta 1972, su carrera al lado del grupo más brillante de la historia de la entidad tuvo mucho que ver en los éxitos del equipo neerlandés. Innovador en su metodología, gran comunicador y siempre al lado de la plantilla tanto en cuestiones deportivas como personales, su figura significó, sobre todo para Cruyff, un apoyo absoluto durante sus años en el Ajax. Era más que un miembro del equipo, un confidente. Johan Cruyff necesitaba ese vínculo y ese apoyo para poder seguir adelante con su carrera. A pesar de la fuerte mentalidad unida al deporte y a lo que quería conseguir como futbolista, Cruyff era un jugador con gran apego a las personas de su entorno y que necesitaba sentir ese calor familiar que encontró a lo largo de su vida en grandes amigos, entrenadores y compañeros. Hombres como Fadrhonc, Buckingham o Salo Muller fueron grandes apoyos para él en sus primeros años de carrera futbolística. Así como lo fue, pocos años después, el popular joyero neerlandés Cor Coster.

Coster ya era un valioso ciudadano neerlandés antes de que el apellido Cruyff cogiera peso. De hecho, probablemente fue su negocio de diamantes en los Países Bajos lo que propició que su hija, Danny, estuviera presente en la boda del delantero del Ajax Piet Keizer con Jenny Hoopman. Fue ahí donde Danny Coster, la hija de ese famoso empresario neerlandés, conocería a un joven futbolista llamado Johan Cruyff.

Los sueldos de las flamantes nuevas estrellas del Ajax no eran lo que son hoy. En ese entonces los jóvenes debían luchar ferozmente para que los clubes les pagaran un sueldo con el que poder dedicarse al fútbol de manera firme. Dos de los primeros contratos profesionales en el Ajax fueron los firmados precisamente por Johan Cruyff y Piet Keizer. Ambos jugadores se iniciaron en la cantera del Ajax y eran piezas clave sin las cuales los éxitos venideros no se entenderían. Pero ese peso, según Cor Coster, debía pagarse. Esa mentalidad, la de jugadores que pudieran dedicarse de manera exclusiva al fútbol, no era la más extendida en la década de los 60. El empresario se convertiría poco después en suegro de Cruyff, y, con el tiempo, acabaría siendo también su agente. Además de ayudar a Johan, también lo hizo con otros futbolistas del Ajax, enfocando de alguna manera su carrera hacia esa representación y delegando el negocio de las joyas para centrarse más ampliamente en conseguir contratos justos para los futbolistas que quisieran contar con sus servicios. Coster fue otro de esos apoyos fundamentales en los que Cruyff se apoyaría durante toda su vida y que con su experiencia como comerciante en los negocios de joyas, le ayudaron a conseguir que su contribución como futbolista fuera retribuida de manera más razonable. Coster fue para Johan lo que seguro hubiera sido Manus de haber llegado a ver a su hijo convertido en la estrella del Ajax.

Después de su debut en partido oficial, la ilusión de la grada estaba puesta en ese muchacho de Betondorp. La calidad de Cruyff era abusiva. Su juego, elegante. Su fuerza, sorprendente. Su técnica, al alcance de muy pocos. El fútbol que creaba era rítmico, casi un baile. Regates inverosímiles, pases inesperados y goles de hermosísima factura. El genio era Cruyff. Y es que su

capacidad cerebral sobre el césped era incluso mayor que la que demostraban sus pies con la pelota. Era muy común ver durante los partidos a Cruyff dar indicaciones a sus compañeros, llevando o no el balón. En un reporte de *El Gráfico*, a principios de los 70, se decía de Cruyff: "Mientras no toca el balón, no parece futbolista". Así era. Delgado, casi despistado. Su lenguaje corporal no reflejaba la actividad de su cerebro. Pero siempre la pedía, para mostrar que lo era. Para despejar las dudas.

Sus actuaciones con la pelota controlada eran de una exquisitez extrema, casi acariciando con el exterior del pie el esférico para conducirlo y llevarlo por donde debía. El cambio de ritmo de Cruyff, unido a una formidable capacidad para mover el esférico de un lado a otro, hacían de sus controles maniobras alejadas de las aspiraciones de sus coetáneos. Sacarle el balón era una utopía en estático, pero más difícil aún en velocidad. Finalizador mejorable pero aun así con grandes cifras goleadoras, su elegancia a la hora de rematar el esférico hacía que lo menos importante fuera si la jugada acababa o no con un tanto a favor. Sus pases, una delicia, sus movimientos, ballet. El jugador total en el Fútbol Total, como le define a veces el gran Julio Maldonado.

*Cruyff, antes del partido ante Argentina en
1974 - Anefo*

Delantero centro, interior, extremo, enganche... definir a Cruyff era un reto más que complejo. Cruyff era un sistema en sí mismo. Lo mejor que se podría decir de su posición era que solían ponerle como 9, alternando la posición del delantero centro con la del enganche, aunque durante el partido gustaba incluso de caer a banda o bajar al mediocampo a iniciar el juego, por lo que es complejo definir su rango de acción. Su posición sobre el campo era imprecisa y total, pues habitaba aquellos espacios que consideraba que debía ocupar en cada momento. Esa capacidad para entender su rol en una zona u otra del campo era preciso adaptarla al resto de

los jugadores, para que sus maniobras no descompensaran al equipo.

El día de la boda de Johan Cruyff y Danny Coster, Cruyff ya había creado en torno a su figura un importante halo de superestrella a las órdenes de Rinus Michels. El entrenador había llegado el 22 de enero de 1965 al banquillo del Ajax y, con su llegada, quería cambiar para siempre la historia del club de Ámsterdam. Para ello, Cruyff debía ser una pieza básica. Michels entendía que el talento de Cruyff era indispensable para que su plan para el Ajax llegara al nivel de obra maestra. Y no se equivocaba. Esa capacidad del 14 para trasladar la idea del General al campo fue esencial para entender los años de su Ajax y, por supuesto, los éxitos con la selección nacional.

De hecho, sin duda uno de los grandes logros y retos del entrenador neerlandés fue entender la necesidad y la forma de acoplar dentro de su idea el talento brutal de un efectivo como Cruyff, así como gestionar su carácter, liderazgo, rarezas e influencias dentro del vestuario.

Michels no se arrugó en una misión que, con los años, mostró que para muchos hubiera significado la rendición. Su calidad, además de respeto, a veces infundía temor y discrepancias, pero en esos primeros años de tanteo, la unión y los objetivos que iban a surgir de la ecuación de Rinus Michels y Johan Cruyff no habían hecho más que empezar.

CAPÍTULO 3

DEL AJAX A PAÍSES BAJOS

Si bien es cierto que en esta partida dos de las piezas esenciales ya están en el tablero, sería un error creer que el camino ya estaba escrito. Y puede parecer sencillo teniendo dos piezas para la entidad como las de Rinus Michels y Johan Cruyff, pero los pasos a dar por el Ajax fueron muchos y bien calculados. El ajedrecista alemán Bernhard Horwitz solía decir que "un mal movimiento puede anular cuarenta buenos" y lo cierto es que Rinus buscaba no caer en ese error. Mucho antes de siquiera visualizarse el plan trazado para el Mundial de 1974 vinieron otros movimientos igualmente importantes que hay que tener en cuenta.

Remontándonos a 1965 y tras los pésimos resultados del equipo que dejaron al Ajax decimotercero en la tabla de la Eredivisie, el equipo prescindiría del inglés Vic Buckingham, que volvería a Inglaterra para hacerse cargo del Fulham antes de probar suerte en el creciente fútbol español. Esa decisión precipitó una serie de hechos de importancia capital para lo sucesivo, puesto que la impronta de Buckingham en Cruyff ya existía,

pero estaba a punto de revolucionar y complementar esa concepción del fútbol siendo dirigido por el entrenador más importante de toda su carrera.

Rinus Michels contaría con la confianza de la directiva para la siguiente temporada, encarando la temporada 1965/1966 con ilusión y con muchos planes por delante. Como hemos comentado, Rinus Michels había recogido ideas innovadoras no solo de los citados Reynolds (en su época de jugador) o de Zubeldía, sino que había repasado con mucho interés la trayectoria de equipos míticos como el *Wunderteam* austriaco de los años 30 (con Hugo Meisl como entrenador y el inglés Jimmy Hogan como segundo de a bordo) y, sobre todo, con la Hungría de los años 50. Ese equipo nacional, que bebía directamente del talento de dos de los equipos dominantes de su época, el MTK y el Honvéd, le marcó especialmente. Para profundizar en sus ideas y aplicarlas en la cantera, además del primer equipo, Michels hizo caso a una antigua recomendación de Helenio Herrera a Reynolds en cuanto a nombres que pudieran ser de ayuda. Su consejo fue la clave para que Michels y el equipo neerlandés pudieran contar con la ayuda de otro admirador del fútbol danubiano, el entrenador rumano Ştefan Kovács. Esa conexión rumana le llevó a explorar algunos conceptos que acabarían por marcar la auténtica base del conocido como Fútbol Total o *Totaal Voetbal*.

Antes de convertirse en sucesor de Michels tras su marcha, momento que ni se intuía en esos primeros pasos de Rinus en el Ajax, Kovacs fue esencial para organizar y asentar el fútbol formativo del equipo. Además su contribución, experiencia y sobre todo conocimientos ayudaron a Michels a sublimar sus ideas con métodos controvertidos para la época, muchos de ellos inspirados en el baloncesto, que trataban de combinar los roles ofensivos con los defensivos de manera muy parecida a la aplicada en el deporte norteamericano. Otras maniobras, como el *pressing*, también fueron perfeccionadas gracias a la mezcla de visiones entre Rinus y Kovacs, llegando a muchos de los matices que caracterizaron el juego del Ajax del General.

El equipo que tenían en la cabeza Michels y Kovacs era muy dinámico, con jugadores que pudieran intercambiar posiciones y estar en constante movimiento, primero como maniobra defensiva (con la presión adaptada de las enseñanzas de Zubeldía y de las ideas baloncestísticas de Kovacs) y después como ofensiva, acumulando muchos jugadores en fase ofensiva y llegando en superioridad a zonas de finalización. Además, Michels tenía claro que su Ajax debía seguir por la vía abierta por Reynolds y Buckingham en el pasado, con un modelo combinativo, de buen trato a la pelota y que sirviera para que la velocidad trasladando el esférico llegara a volver locos a los rivales (al modelo también de otras escuelas como la húngara) y haciendo patente la superioridad física de los neerlandeses, tan trabajada por Rinus Michels en todo momento. Esa radiografía era, *grosso modo*, una buena definición de los patrones que incorporaron a un Ajax que, además, tenía una variable especialmente importante.

Esa variable motivó que Michels, tomando como referencia una de las ideas de la escuela danubiana de Sebes, Kalocsai, Kalmár o Bukovi, asentara una de las grandes peculiaridades del Ajax a lo largo de la trayectoria del General en el equipo: el uso del delantero centro. Quizá resulta curioso que, habiendo jugado en esa posición, el uso de este perfil fuera tan revisado e inconstante, pero lo cierto es que poder contar con una pieza como Johan Cruyff lo iba a cambiar todo.

La influencia del exitoso ejemplo de los húngaros hizo que Michels cuadrara su plan para el Ajax. La pieza de Cruyff encajaba como un guante en esa posición tan llamativa en el juego de los magiares, por lo que pensó en trasladarla al Ajax como lo haría, posteriormente, a la selección neerlandesa. Sin esa variable llamada Cruyff cuesta pensar en que el camino emprendido por el técnico hubiera sido el mismo. Aunque lo hubiera intentado, la clave siempre iba a residir en tener los ingredientes adecuados, como se vería en varios equipos durante los años 70, que también comenzaron a evolucionar mediante las ideas surgidas en los 50 y los 60. Un camino que se había construido desde la propia convicción y gusto del técnico, pero también de los recursos que tenía en esos momentos.

A lo largo de la historia, parece que el fútbol va moviendo sus pasos en nuevas fórmulas que van creando modas para después dejarlas en desuso. En esa búsqueda de las nuevas teorías que pusieran en jaque las concepciones del fútbol de aquellos años, para Michels era importante mirar a rivales que en ese entonces parecían dominar las nuevas normas del fútbol mundial. Clubes que, con su fútbol, rompían conceptos atávicos y transformaban la realidad futbolística de Europa. Ideas de las que, incluso en la actualidad, se ha bebido hasta la saciedad, en muchos casos sin que se tuviera demasiado en cuenta.

Uno de esos casos paralelos iba a nacer casi en la sombra tras el translúcido telón de acero. El Dynamo Kiev de Víktor Máslov también estaba siendo referente durante la segunda mitad de los años 60. Sin embargo, todo el periodo de la investigación futbolística del célebre entrenador moscovita comenzaba mucho antes. Observando los primeros ejemplos, desde finales de los años 50 en equipos como el Brasil de Vicente Feola, aplicando distintos esquemas con defensas de cuatro, el entrenador ruso iba a ir evolucionando esa idea hasta dar con el hoy ya conocidísimo sistema del 1-4-4-

2. Fue en el del club de su vida, el Torpedo Moscow, donde pudo interpretar y luego dominar esas ideas que fue recogiendo y visualizando para ponerlas en práctica en Ucrania tras su firma con el Dynamo Kiev. Viktor Máslov, sin embargo, no encajaba en ese pensamiento de entrenador rudo, dominante y severo, aunque, como Rinus Michels, reservó una importancia fundamental a la condición física con sistemas de entrenamiento sacados de las rutinas del ejército soviético.

A pesar de esa mentalidad estricta en esa necesidad física, sus entrenamientos y charlas eran casi asamblearias. Máslov creaba espacios donde los jugadores podían participar en la búsqueda de los porqués del juego que iban a desarrollar y así despertaba su voluntad de entender y complementar los métodos del propio entrenador. Como para alguno de los jugadores de Máslov (como el propio Valeri Lobanovski, que triunfaría también como técnico en ese mismo equipo), el aprendizaje del día a día junto a Rinus Michels le supuso a Johan Cruyff un campo por descubrir. Sobre el papel no era más que un jugador de fútbol, pero la realidad encerraba mucho más que eso. Con Michels empezaría a destapar su absoluta e inconfundible cualidad estrella. Sobre el césped, Cruyff dominaba incluso sin tocar la bola por su dirección y visión de juego.

Johan tenía unas habilidades técnicas brutales. La velocidad, el regate y el equilibrio eran directamente sobrehumanas (fruto, entre otras muchas cosas, de ese juego contra bordillos en las aceras de Betondorp, recordemos), pero su capacidad para ver el fútbol iba más allá de su rol en el campo. Era lo que realmente significaba un plus para todo el equipo. Esa interpretación del fútbol le hacía ser superior a la hora de aparecer y saber dónde debía estar en cada momento, pero además era capaz de hacerlo con sus compañeros, dando indicaciones continuamente a sus iguales sobre el cés-

ped, leyendo en tiempo real dónde debía aparecer qué jugador y, sobre todo, por qué. Esa inteligencia sobre el campo fue ganando peso con los años, a medida que su superioridad iba siendo más y más evidente.

No sorprende que uno de los grandes ídolos de Johan Cruyff fuese Alfredo Di Stéfano. Cabe la posibilidad de que el juego del astro hispano-argentino hiciera intentar a Cruyff emular los movimientos del célebre jugador madridista para aparecer en cualquier zona del campo e influir positivamente sobre el devenir del juego en cualquiera de sus fases. El mito del Real Madrid dio sus primeros pasos como estrella en el ocaso de la Máquina, en River Plate, sustituyendo al también brillante y eterno Adolfo Pedernera, director de fútbol de aquel impresionante equipo. Lo que pesa realmente es que Johan Cruyff tenía la capacidad de imitar futbolísticamente los movimientos de un Di Stéfano que para muchos sería inalcanzable y que, para Cruyff, era una imagen en la que intentar verse reflejado en cada partido, siendo eje, epicentro y punta de lanza en un mismo futbolista. Como ya hemos dicho, Cruyff era un sistema dentro del sistema de Michels.

El propio Rinus entendió pronto que la mezcla de las ideas que traía consigo, junto al talento de ese joven de Ámsterdam, podían hacer del Ajax un club dominante e importante como nunca antes se había visto en los Países Bajos. El primer año con él, Cruyff ya empezaba a ser un peso pesado tras haber pasado un primer año con buenas actuaciones y haberse ganado la confianza de sus compañeros. La calidad, como se sabe, genera respeto. La experiencia previa que el delantero adquirió con Buckingham le sirvió a Rinus Michels para entender que Cruyff debía ser su as en la manga, mientras afrontaba una temporada de cambios importantes y abundantes en el Ajax.

En ese primer año de Rinus, llegarían varios fichajes para mejorar las prestaciones del equipo. Era el caso del meta Bals, llegado directamente desde el PSV, o Groot, desde el Feyenoord. Además, se promocionó a muchos jugadores de la cantera, como fue el caso de los centrales Hulshoff y Meijer o el delantero Cohen. Múltiples piezas para acompañar a los que parecían ser ya las estrellas de este equipo: Johan Cruyff y Piet Keizer. Ambos jóvenes, con dieciocho y veintidós años respectivamente, parecían ser los encargados de llevar la manija ofensiva de un equipo que con Rinus Michels iba a poder crecer rápidamente. Junto a esas importantes piezas, hay que destacar también la participación de Bennie Muller, veterano centrocampista del Ajax en un 1-4-2-4, (llegando a pasar, ya en esos primeros años, a un germen del 1-4-3-3), un sistema muy móvil que ya desde esos primeros compases de Rinus como entrenador permitía a Cruyff moverse con libertad y convirtiéndose en un comodín en las zonas de creación y finalización.

Esa temporada consiguieron ganar 24 partidos de 30, con solo dos derrotas y cuatro empates. Es así como en su primera temporada, el General consiguió revolucionar un equipo que parecía perdido y no solo ganar el campeonato liguero nacional, sino también mejorar ampliamente su capacidad competitiva. Fue en esos años cuando el Ajax empezó a mejorar su imagen global. Y con él, crecía un Cruyff cada vez más dominante. Su ascenso fue imparable. De ser un centrocampista habilidoso pasó a ser un extremo y luego un falso delantero que, por fin, dejó llegar a ese jugador total que aparecía donde debía en todo momento. Esa pieza tan del fútbol del Danubio que parecía buscar Michels para su idea. Una versión de jugador para todo el campo de alguna manera parecido al que era Alfredo Di Stéfano en la década anterior. Esa naturalidad regada por el talento en cualquier ámbito del juego le hacía tener un

aura especial a la hora de enfrentarse a cualquier rival. El lejano pequeño, flacucho y liviano Jopie miraba ahora la grandiosidad de Cruyff. Su figura comenzaba a ser la de un gigante.

Parecía que, en el territorio nacional, el Ajax no podía crecer más. Es cierto que ciertos tropiezos provocaron que algunos de sus rivales acabaran por sumar títulos en esa década de los 60, pero también lo es que el crecimiento que se iba viendo permitía creer que con el tiempo ese Ajax podía llegar a ser imbatible. Y era Europa la tarea pendiente de ese club en crecimiento. Una tarea que necesitó de una evolución y mejoras sostenidas, pausadas incluso, que no lograron dejar ver de manera sencilla la rotundidad que acabaría demostrando el Ajax de Michels.

Ajax y Panathinaikos, saliendo al campo en la final de la Copa de Europa de 1971 - Anefo

En su primera participación en Europa, tras la primera liga con Rinus en el banquillo, se ganó con holgura al Besiktas, para hacer lo mismo con el poderoso Liverpool en la siguiente ronda. Quedarían apeados de la lucha final en cuartos, contra el Dukla de Praga de Masopust. Esa eliminación supuso también un primer gran golpe para el club, para el entrenador y, sobre todo, para la estrella. Un Cruyff cada vez más ambicioso y al que, como le pasaba de niño, le costaba asimilar la derrota.

En su siguiente oportunidad, la edición de la Copa de Europa de la temporada 67/68, fue el Real Madrid quien los bajó de la nube. Ese Madrid brillante de los Amancio, Gento o Pirri fue mucho para los neerlandeses, a pesar de las dificultades en las que pusieron al conjunto español a lo largo de la eliminatoria.

No sería hasta la tercera oportunidad que los neerlandeses se superarían y llegarían a una final continental. Sería ante el resplandeciente Milan de Nereo Rocco. Un duro partido en el que no fue Johan Cruyff sino Gianni Rivera quien se encargó de aportar todo el espectáculo. El jugador italiano dejó bocas abiertas en las gradas y, seguro, entre la defensa del Ajax. Rinus Michels volvía a caer y Johan Cruyff cogía la matrícula a ese jugador que brilló en su primera final europea. El Milan se llevó el premio y dejaba claro que el Ajax necesitaba evolucionar aún más para llevarse la Copa de Europa.

Ese año, la liga la ganaría el Feyenoord de Róterdam. Ese liderato en Eredivisie le dio el pase a la siguiente edición de la competición europea y la fortuna quiso que fuera el Feyenoord quien llegara a la final y la ganara. Ante el Celtic escocés, el Feyenoord, máximo rival del Ajax, se convertía en el primer club de Países Bajos en levantar la Copa de Europa. Otro golpe doloroso a las costillas, tras ver levantar a Israël la ansiada Copa de campeones de Europa.

Quizá por orgullo o por el simple hecho de saberse capaz, el Ajax volvió a reinar en su país para tratar de

tocar de nuevo la gloria europea. En ese equipo estaban ya cambiando muchas cosas desde la época que dejara en herencia el inglés Vic Buckingham. Habían llegado desde la cantera *ajacied* jugadores importantes como Rep, Krol o Haan, pero también fichajes como Mühren o el joven Neeskens, que arribarían al club de Ámsterdam para acabar de cimentar la idea de juego del Ajax. La escuela neerlandesa estaba creando materia prima suficiente para confiar al todo o nada las ideas futbolísticas desarrolladas por Rinus Michels. Un conjunto aliñado con muchos de los jugadores anteriores y, sobre todo, con el talento de un Johan Cruyff que ya se había asegurado su célebre dorsal 14 para el resto de su carrera en Países Bajos y para la posteridad de su leyenda.

En esa época, previa a la temporada 1970/1971, el entrenador del Ajax dio los pasos necesarios para dejar de confiar plenamente en la alineación de un delantero centro al uso, sabiendo del olfato goleador de Rep o Cruyff (a pesar de que su finalización no era la de un *killer*) y de la necesidad de espacios para el 14, que cada vez más necesitaba aparecer por diferentes zonas continuamente para intervenir y dominar el juego.

Por ese motivo, ganaron peso Piet Keizer, compañero desde casi su debut, Johan Neeskens, que trabajaba de manera incansable por todo el terreno de juego y tenía una gran llegada al área, y Gerrie Mühren, que apoyaba con mucha calidad la creación de jugadas desde el centro del campo. Aún con ese aspecto de 1-4-2-4, el Ajax ya permitía ver otros dibujos con cierta frecuencia desde el pitido del árbitro. Esas estructuras cambiaban con soltura desde los primeros instantes de juego y los intercambios posicionales eran muy frecuentes. Apoyos, presión alta, roles intercambiables, búsqueda enfermiza de los espacios... todo un conjunto de características que Michels había observado, pulido y experimentado en esos años con sus pupilos.

Las bandas eran absolutamente primordiales para Michels como lo fueron, de manera primigenia, para Reynolds. La importancia de los extremos (ya fueran laterales o extremos como tal) para crear espacios en el interior para la llegada de jugadores desde segunda línea era un aspecto fundamental. Las subidas por banda de Suurbier y Krol significaban siempre peligro, no tanto para centrar buscando la cabeza de un delantero, como lo era Swart o Van Dijk, sino para generar espacios que aprovecharan con sus llegadas Cruyff o Neeskens, especialistas en esa faceta. A estos se sumaría el gran oportunismo de un jovencísimo Rep, que iría poco a poco sumando minutos como elemento básico para complementar a Cruyff en el falso 9 y que poseía una gran puntería y remate de cabeza.

En esa nueva cita con la Copa de Europa, en la temporada 70/71, el Ajax debería enfrentarse al KS Nëntori albanés (actual KF Tirana), al Basilea, al Celtic (que había sido finalista el año anterior) y al Atlético de Madrid de Marcel Domingo y Aragonés. El último paso fue llegar a la gran final de Wembley. En esa ocasión sería el Pantahinaikos griego quien se enfrentaría a los de Rinus Michels. El equipo griego estaba entrenado por el célebre exfutbolista húngaro Ferenc Puskás y contaba con jugadores de la talla de Domazos, Eleftherakis o Antoniadis (quien quedaría como máximo goleador del torneo por delante de Luis Aragonés, así como de las figuras del Estrella Roja yugoslavo, Ostojić y Filipović). El camino del Ajax fue largo, pero merecería la pena.

En ese último partido, el Ajax consiguió dos goles (obra de Dick van Dijk y Arie Haan) para ganar con claridad y por primera vez el ansiado trofeo de la Copa de Europa. Con Johan Cruyff como líder absoluto en el campo y con Rinus Michels como gran estratega desde la banda, el Ajax reinaba en Europa por primera vez des-

pués de haber caído demasiadas veces en la búsqueda del triunfo.

El equipo se convertía así en un actor más dentro de la élite europea. Por vez primera, el mundo miraba de verdad a los ojos del equipo con la sensación de hacerlo ante un conjunto al que temer en serio. Medirse ante los mejores iba a ser un reto recurrente en los siguientes años, pero el reto sería hacerlo sin uno de los grandes artífices de la obra del Ajax. Rinus Michels fue tentado en el verano de 1971 por el FC Barcelona. El reto era enorme. Un club que necesitaba una revolución y que vio en el talento del técnico neerlandés la posible solución a sus problemas. Ya lo había conseguido en el Ajax y el Barça le daba los mimbres para intentarlo en España.

Los caminos, por tanto, de Rinus Michels y Johan Cruyff se separaban, al menos por un tiempo. Uno buscaba nuevos retos con los que renovar su intención de seguir evolucionando en el mundo del fútbol y el otro se quedaba en su ciudad, a liderar a un Ajax que dominaría algunos años más pero que iría perdiendo, inexorablemente, las doctrinas asentadas por el entrenador que los hizo campeones continentales por primera vez.

El Ajax siguió su camino. Por recomendación de Michels, se contó para dirigir al club con Ştefan Kovács, un pilar fundamental en el modelo y que parecía encajar plenamente en el equipo. Con el nuevo entrenador, se consiguieron dos títulos más de la Eredivisie para el Ajax, así como otras dos Copas de Europa, ante el Inter de Giovanni Invernizzi y la Juventus de Čestmír Vycpálek. Y a pesar de esos éxitos, algo se estaba gestando en el vestuario del equipo que no podría arreglarse con títulos.

La aureola de Cruyff había crecido notablemente. En 1971 recibió el Balón de Oro y lo haría de nuevo en los años 1973 y 1974. El mundo miraba jugar a ese flacucho con la sensación de estar viendo una obra de arte. Johan Cruyff era propiedad intelectual del Ajax y él lo sabía. Su amor por el club también nacía de la sensación de que todo giraría en torno a su figura, por lógica coherencia con su trascendencia futbolística. La sensación de que Cruyff estaba por encima de todo, incluyendo al club, empezaba a estar patente y no gustaba a todo el mundo. Si Buckingham le dio la alternativa y Rinus Michels le creó el sistema, Kovacs aumentó esa sensación de intocable que se reforzaría con el éxito logrado. Y la situación empezó a hacerse muy compleja para todas las partes. Empezaba a haber quejas, sobre todo desde el propio Cruyff, sobre la tensión competitiva, las libertades hacia los jugadores y el hambre ante los grandes retos, que pareció ir desapareciendo. Con la marcha de Kovacs, en 1973, acabó por romperse una máquina que ya venía sonando peor mes a mes. Con la llegada de su relevo comenzarían las dificultades que propiciaron la salida de Johan Cruyff en ese mismo verano de 1973 y que desembocaría en la salida de otros pesos pesados en los años siguientes.

Mientras el Ajax se resquebrajaba, Michels y Cruyff volvían a formar tándem en la ciudad condal, ganando el torneo liguero español y mostrando que la conexión seguía patente. Ese año de éxito en Barcelona, en el que el club azulgrana vería en esa pareja la solución a algunos de los problemas de la entidad y el nacimiento de una nueva era, daba esperanzas a la federación neerlandesa de cara al reto del Mundial en el verano de 1974. La oportunidad se le ofreció a Michels con todo atado. Su país se acababa de clasificar al Mundial de Alemania Federal por primera vez desde los años 30 y solicitaban su ayuda para poder crear un equipo a la altura. Y hay que ir un tiempo atrás para entender que la llegada del ex del Ajax al banquillo de la selección neerlandesa, desde un punto de vista competitivo, era otra propuesta de reconstrucción para el General.

Si bien es cierto que la selección neerlandesa llevaba contando varios años con la ayuda de la mayoría de las grandes estrellas neerlandesas, las citas clasificatorias no habían caído del lado de Países Bajos y su fortuna no los había llevado a disputar ningún torneo oficial desde 1938. Ni siquiera habían sido capaces de colarse en la Eurocopa, un torneo nacido apenas 15 años antes y en el que las escasas plazas de contendientes siempre habían dejado fuera a los neerlandeses. El último gran seleccionador de la selección nacional de Países Bajos fue Bob Glendenning, un exjugador del Barnsley y Bolton que había llegado a entrenar al país tras la Primera Guerra Mundial. Un viaje de ida parecido al de Hogan y Reynolds, pero que en este caso desembocaría en una de las mejores épocas de la selección neerlandesa.

Glendenning comenzó a entrenar en Países Bajos tras su llegada en 1923, donde cogería por primera vez las riendas de la selección para un encuentro contra Suiza. Tras hacerse con la victoria, ese primer éxito le serviría para que lo firmara el Koninklijke, un equipo de Haarlem localizado en el norte del país, en el que estuvo cinco años como entrenador. Un empleo regular en el fútbol era un bien preciado en los años 20. Las buenas referencias por sus métodos lo llevaron en 1928 a ser el encargado de liderar a la selección para los JJOO de Ámsterdam. El reto era grande por jugarse en casa y la presión no le hizo temblar. Su equipo dejó buenas sensaciones, llegando a unos muy dignos octavos de final, lo que le permitiría alargar su mandato para conseguir clasificar y llevar al país a dos mundiales seguidos: los de Italia 1934 y Francia 1938. En ambos, Glendenning conseguiría que Países Bajos llegara, de nuevo, hasta octavos de final, siendo derrotada por Suiza y Checoslovaquia respectivamente. Tras las hazañas del inglés Bob Glendenning, la Segunda Guerra Mundial pararía el fútbol en gran parte de Europa y le daría un duro revés. El equipo nacional neerlandés no volvería a competir desde entonces en otra gran cita hasta 1974, donde la *Oranje* volvería a conseguir formar parte de los elegidos.

Sin embargo, en ese impase de casi 40 años, jamás se dejó de intentar acudir a la máxima cita del fútbol mundial. La buena camada de jugadores surgida en los grandes clubes de Países Bajos durante los años 60 y, sobre todo, la profesionalización a lo largo de esa década de muchos futbolistas neerlandeses, elevó el nivel lo suficiente como para disputar con mayor fiabilidad las rondas clasificatorias y tener fe en poder ver de nuevo al equipo en una gran competición a nivel internacional.

A lo largo de los años 1968 y 1969, con una selección a los mandos de Georg Kessler, quien había hecho debutar a un tal Cruyff contra Hungría en 1966, Países Bajos estuvo al borde de poder participar en el célebre Mundial de México de 1970. Sin embargo, las derrotas ante la Bulgaria de Bonev o Asparuhov y la Polonia de Deyna o Lubański condenaron las opciones de Kessler de relevar a Glendenning como uno de los grandes nombres de la selección neerlandesa en la historia. Ese fracaso alejaría a Kessler y llamaría a la puerta de František Fadrhonc para hacerse cargo del equipo de cara a las siguientes citas.

Como recordaréis, Fadrhonc entrenó a Arend van der Wel, amigo de los Cruyff, lo que le permitió confraternizar con ellos durante sus estancias en Enschede, así como con Johan Cruyff, una de las estrellas de la selección neerlandesa que tomaría ya del equipo de Kessler. Tras esa etapa, el entrenador austrohúngaro había prestado sus servicios en un Go Ahead Eagles donde le fue muy bien. En sus ocho temporadas en el equipo, logró ascender a la Eredivisie e incluso ser finalista de la Copa KNVB, llegando a hacerlos capaces de participar en la Intertoto. Una serie de logros poco comunes en un equipo humilde y que significaron su carta de pre-

sentación para ser valorado como seleccionador por la Federación de Fútbol de los Países Bajos en 1970.

Tras la decepción por no estar en México, la Eurocopa de Bélgica del 72 se presentaba como una oportunidad para resarcirse. En la fase preliminar, la *Oranje* se la jugaría contra Luxemburgo (quien ya se cruzó con los neerlandeses en la clasificación a México 70), Alemania Democrática y Yugoslavia. Con una sola victoria ante los luxemburgueses, la selección de Países Bajos fue apeada de cualquier opción de entrar en la fase crucial de la clasificación. A pesar de la mala noticia, las buenas sensaciones con respecto a la mejora competitiva de la selección y, sobre todo, el apoyo de Johan Cruyff al seleccionador, permitieron que pudiera alargar sus días en el combinado nacional hasta 1974, donde trataría de volver a conseguir ver a Países Bajos formar parte de un mundial de fútbol. Una pequeña muestra inicial de que los deseos de Cruyff eran respetados y escuchados con regularidad en los equipos donde formara.

La fase de clasificación para el Mundial de Alemania Federal comenzó para Fadrhonc y los suyos en noviembre de 1972. En Róterdam, en el célebre estadio De Kuip, Países Bajos daría el primer golpe encima de la mesa ante la selección de Noruega. Fadrhonc presentó un equipo en el que Cruyff era centrocampista junto a Van Hanegem, una de las grandes estrellas del Feyenoord. Llegarían nueve goles a favor de los locales, con la firma de Keizer, Cruyff y Brokamp, con un doblete cada uno, y Neeskens, que logró un *hattrick*. Ese primer partido infló de esperanza a la afición. La alegría, no obstante, no les duraría mucho. En el siguiente duelo, ante la potente Bélgica de Goethals, el empate a uno cosechado volvería a traer dudas de cara a su presencia en el Mundial.

La oportunidad residía en no fallar en el doble duelo ante Islandia, así como en la vuelta ante Noruega. Eso convertiría en una final el partido de vuelta ante Bélgica. La circunstancia de que Islandia no pudiera jugar en suelo islandés y lo hiciera ante belgas y neerlandeses en estadios de Brujas (Bélgica) y Deventer (Países Bajos) respectivamente, decantó mucho la balanza hacia los dos conjuntos más fuertes del grupo. Dos goleadas seguidas ante Islandia en suelo neerlandés regalaron cierta tranquilidad a los de Fadrhonc, pero a pesar de todo, seguían las dudas. El juego no mostraba la soltura que sí se les veía en aquel entonces a los clubes de la Eredivisie, que no solo triunfaban a nivel nacional, sino que conseguían hacer temer a todo el continente en la Copa de Europa. Recordemos que muchas de las estrellas del combinado nacional triunfaban en Ajax y Feyenoord, dos equipos campeones de Europa en dos años consecutivos.

Tras cumplir ante Noruega, con un 1-2 no desprovisto de nervios, las opciones pasarían por el duelo directo ante Bélgica, esta vez jugando como local. Eran los primeros días de una rivalidad entre Países Bajos y Bélgica que no abandonarían jamás. El choque de los dos equipos en esta clasificación al Mundial de 1974 en el que solo podía quedar uno acabó por enturbiar una relación de hermanos que no dejaban de compararse. El último partido se jugaría en el estadio Olímpico de Ámsterdam y se puede decir que en esos 90 minutos se cimentó la rivalidad que hoy conocemos. Aunque ha ido alimentándose con el paso de los años, la anulación de un gol de Verheyen tras rematar, según el árbitro, en fuera de juego, acabó por firmar el odio entre ambas naciones futbolísticas. El partido quedó en unas tablas que beneficiaban a la *Oranje*, pues solo necesitaba un punto para liderar la tabla (por golaveraje) y adquirir un billete a Alemania Federal. Bélgica, desolada, se quedaba sin premio, mientras que Países Bajos, 36 años después, iría a un Mundial.

Las dudas generadas por el equipo entrenado por František Fadrhonc y las esperanzas puestas por la Federación en emular las sensaciones de los grandes equipos neerlandeses en el combinado nacional, empujaron a sus dirigentes a plantear un cambio de itinerario. Era la primera piedra para empezar a pensar en la vuelta a casa de Rinus Michels. Una vuelta a casa que le otorgaba el privilegio de liderar a la selección que habría de cambiar el rumbo de la selección nacional neerlandesa en el terreno internacional. El sueño de poder superar la marca de Glendenning en el 34 y en el 38, así como la oportunidad de contar con las grandes piezas de la escuela neerlandesa para componer un equipo que jugara con la idea que había construido sirvieron para convencer a Michels de aparcar por un tiempo la camiseta blaugrana (con permiso para disputar la Copa del Rey en medio del torneo) y centrarse en el naranja de las camisetas neerlandesas. Con la imagen de ese Ajax que dejó en 1971, con Cruyff y con la posibilidad de añadir algo del talento de aquellos que lograron la presencia de Países Bajos en el Mundial de Alemania Federal en 1974, Rinus Michels debería tener los mimbres suficientes para encarar con solvencia la Copa del Mundo.

Alrededor, entre los que serían oponentes de ese combinado, pocos sabían o creían saber cómo podría jugar ese equipo de Rinus Michels. De nada servirían las referencias que existían del equipo de Kessler o de Fadrhonc. E incluso sería difícil pensar cómo podría jugar el equipo neerlandés mirando a Ajax o Barcelona, pues bajo la batuta de Rinus Michels deberían combinarse jugadores que jamás tuvo bajo su mando. Lo único certero era que pretendería llevar su estilo pasara lo que pasara. Ese que había iniciado en el Ajax y que estaba tratando de exportar a Barcelona. Las piezas estaban en el tablero y a quienes tenían curiosidad solo les faltaba esperar a que pudiera darse el primer movimiento.

CAPÍTULO 4

PAÍSES BAJOS 2-0 URUGUAY

Los comienzos suelen traer consigo algunos detalles elementales que van unidos al recuerdo. Cuando conocemos a alguien, siempre nos fijamos más en algo. Quizá por eso las primeras veces siempre tienen algo de mágico. Aunque salgan mal, aunque no nos convenzan. El recuerdo estará ahí para cuando sea importante recordarlo. Incluso nos sorprenderá cuando creamos que lo hemos olvidado. Para quienes lo vivieran, como los integrantes y aficionados de la selección de Países Bajos, el primer recuerdo del Mundial de 1974 debería viajar a la ciudad de Hannover. El primer partido de la *Oranje* se celebraría en la ciudad del norte de Alemania y acogía el que iba a ser el primer duelo entre el equipo entrenado por Rinus Michels y la selección nacional de Uruguay.

El partido estaba organizado para jugarse en el *Niedersachsenstadion* o Estadio de la Baja Sajonia, un magnífico estadio construido en los años 50 y que tuvo que sufrir algunos cambios para poder recibir encuentros del Mundial de Alemania. Esas mejoras eran muy comunes en los prolegómenos de cualquier evento, como reemplazar los accesos de los jugadores al campo o añadirle una cubierta al propio estadio, lo cual cambiaba bastante la apariencia de un estadio de los años 50. Y en Alemania Federal todo debía estar perfecto para esta ocasión. El gobierno y la propia Federación de Fútbol Alemán procuraron que ninguna de las sedes tuviera daños o se pudiera insinuar que no eran instalaciones absolutamente modernas. En el caso del estadio de Hannover las reformas sirvieron para que, en 1982, la ciudad recibiera la visita de los Rolling Stones en un multitudinario concierto ante la nada desdeñable cifra de 100 000 personas. En las paredes del estadio *Niedersachsenstadion* resonaron famosos temas como "Under my thumb", "Just my imagination" o la siempre célebre "Start me up". Y aun así, en junio de ese año, el rock and roll de Cruyff y compañía ya había invadido el césped del estadio del Hannover 96 hacía ya ocho años.

La Hannover de los años 70 es una ciudad moderna. Abierta a la industria y a los negocios, no puede sino crecer en unos años de prosperidad que parecen no poder acabar nunca. Se trata de una ciudad que, sin haberse dejado anclar en el pasado, conseguía guardar algunas bellas reminiscencias de la antigüedad. Casi pegado a la *Schützenplatz*, se levanta el escenario futbolístico central de la ciudad germana. El *Niedersachsenstadion*, que pasó por diversas etapas desde su fundación hasta nuestros días, podía albergar en 1974 algo menos de 60 000 personas. El Mundial de 1974 era de una importancia vital y Alemania Federal deseaba poder demostrar su capacidad para acoger un evento de tales características tras los incidentes en Múnich solo unos años antes.

El debut de Países Bajos estaba previsto para el 15 de junio y se trataba del primer partido que iba a disfrutar Hannover en ese año de Mundial. Ese día de partido se habían jugado ya cuatro duelos del campeonato. El primero, el de la inauguración del 13 de junio, entre el combinado de Brasil y el de Yugoslavia, con un decepcionante resultado de 0 a 0. Al día siguiente se jugaron otros tres: El que restaba del Grupo 2, entre Zaire y Escocia, con victoria europea, y los duelos del Grupo 1, entre Alemania Federal y Chile, con victoria por la mínima de los anfitriones, y el de la Alemania Democrática y Australia, que acabó en derrota de los *soceroos* por 2 goles a 0.

Hannover estaba de gala y el partido del *Niedersachsenstadion* entre Países Bajos y Uruguay estaba programado para las cuatro de la tarde. Sería a la vez que otro encuentro, también del Grupo 3, entre las selecciones de Suecia y de Bulgaria, que se disputaría en la ciudad de Düsseldorf. Todo estaba listo y lo único que se podía hacer era esperar. Tanto el combinado europeo como el sudamericano llevarían sus equipaciones principales en ese primer duelo. Para la *Oranje*, más allá de ser el debut ante una doble campeona del mundo, era también un encuentro muy especial.

Países Bajos no había sido capaz de clasificarse para un Mundial desde 1938, cuando no fueron capaces de pasar de octavos de final en Francia. Fueron seis los Mundiales que pasaron por delante de la selección naranja sin que sus jugadores pudieran sentir lo que era escuchar el himno nacional delante de un estadio a rebosar con la Copa del Mundo en juego. Y no era por falta de calidad. Muchos de los jugadores históricos de Países Bajos pudieron ser profesionales a muy alto nivel, como Wilkes o Lenstra. Algo parecido a lo que venía sucediendo con muchas selecciones europeas desde los primeros tiempos, hasta que la profesionalización empezó a ser regular. Pero ahí estaban. Por fin. Y las dudas y el miedo, a la fuerza, aparecía entre los aficionados desplazados a Alemania Federal mientras caminaban

por las calles con banderas y con las caras pintadas. Y en las casas de Países Bajos, mirando la televisión, esperando a la hora del partido. Como un alumno esperando a ver las preguntas del examen, los neerlandeses esperaban con nerviosismo el debut de esa selección en la que tenían puestas tantas esperanzas.

El partido sería dirigido por un mito como Károly Palotai. Su nombre puede no ser del todo familiar, pero su figura fue fundamental en la época. El colegiado húngaro era un héroe en su país. Primero, lo logró como futbolista, llegando a ganar la medalla de oro de los Juegos Olímpicos de Tokio en 1964. Pero lo cierto es que Palotai amó el fútbol desde casi todos los puntos de vista y, tras su retirada, quería seguir unido al césped y a los duelos. Para conseguirlo, se dedicó a arbitrar. Su relación con este deporte le deparó poder vivirlo desde el césped hasta sus casi 50 años. Logró arbitrar en 1976 y 1981 las finales de la Copa de Europa, así como la de la Recopa en 1979. Por si fuera poco, su carrera le llevó a dirigir partidos en tres mundiales seguidos, haciéndolo en el de 1974 en Alemania, en el de 1978 en Argentina y, finalmente, en el de 1982 en España. En 2018, también en año de Mundial, Palotai falleció y fue despedido como un mito por sus compatriotas. En ese instante del tiempo y el espacio, en la ciudad de Hannover en el año 1974, el húngaro arbitraría el que sería su primer partido mundialista entre un gigante celeste y un aspirante naranja.

Ya en el césped del *Niedersachsenstadion*, ambos equipos formaban de cara a la tribuna para ese solemne ejercicio de escuchar los himnos nacionales. Es cierto que la mística de la Champions League en los últimos 30 años parece haber emparentado ese sonido y, sobre todo, ese sentimiento, con el que sienten los jugadores y las aficiones con el himno de los torneos internacionales. Ya sea en una Eurocopa, en un Mundial o en un amistoso, escuchar el himno de tu país en un evento de estas características es algo inefable. Una de esas variables que hacen que la charla táctica o las instrucciones del entrenador se olviden por unos segundos. O por algo más.

Existe una mística especial en cuanto a este ritual de los himnos y la selección nacional uruguaya. En el partido de 1974 se pudo escuchar una versión algo acortada del himno celeste, que completo llega a los siete minutos. Hay una anécdota genial sobre el largo himno nacional celeste. En un Uruguay vs. Costa Rica de 2009, se produjo un suceso entre el árbitro de la contienda, Massimo Busacca y Diego Lugano, capitán de la celeste en aquel partido. Alguien cometió el error de poner el himno de la nación completo y no el acortado, por lo que, cuando ya llevaban casi tres minutos escuchados, el árbitro sugirió cortarlo y comenzar de una vez el partido. El central y capitán uruguayo, oyendo a Busacca, instó al colegiado a respetar el himno, pues la gente estaba cantando en la grada. El central avisó a Busacca de lo que podría pasar si no respetaba el himno: "No estás en Europa, aquí te arrancan la cabeza". Entre risas, Busacca aguantó y Lugano luego bromearía con él tras disfrutar de su himno nacional. Todo se produjo en un tono distendido y afable, tal y como lo contaría años después el propio Lugano en una entrevista de televisión.

Esa tarde de 1974, a pesar del peso de Uruguay a nivel mundialista, el público estaba con Países Bajos. Más de la mitad del estadio era naranja. La cercanía había llevado a muchos neerlandeses a ese *Niedersachsenstadion* de Hannover para ver los colores de la selección en un Mundial. Con los himnos escuchados, el partido rozaba el inicio y el estadio rugía. El sorteo de campo juntó en el centro del campo al juez de la contienda, Károly Palotai, con otros dos mitos: Johan Cruyff y Juan Masnik.

Nacer al fútbol en Peñarol, como le pasó a Juan Masnik, casi te obliga a triunfar con la camiseta carbonera. Pero sus pasos le llevaron a hacerlo con el eterno rival. Solo tres años antes de ese sorteo de campo ante el 14 neerlandés, Masnik jugaba y ganaba la final de la Copa Intercontinental ante el subcampeón de la Copa de Europa, el Panathinaikos de Puskas. El Ajax, que había derrotado a los griegos en la final europea, prefirió no medirse ante un equipo sudamericano tras el duro fútbol practicado en la final del año anterior. Ese año, su máximo rival, el Feyenoord, perdió la Copa Intercontinental ante el ya citado Estudiantes de la Plata de Osvaldo Zubeldía. Por ello, el Ajax llegó a poner como pretexto que las vacunas necesarias para viajar a Sudamérica podían poner en riesgo a sus jugadores y que no correrían ese peligro. Tras la polémica, que cerca estuvo de crear un incidente político entre Países Bajos y Uruguay, el equipo *ajacied* renunció a disputar la final y sería el equipo griego el que disputaría el campeonato intercontinental. Tras un duelo empatado en Grecia, sería el desempate en Montevideo el que daría como campeón a Nacional ese mismo año.

Tres futbolistas de Club Nacional estaban presentes en el Mundial de 1974 tras haber sido partícipes de la no presentación del Ajax y la posterior victoria ante los pupilos de Puskás. Todos, además, eran titulares en ese primer duelo ante la selección neerlandesa. También estarían en el campo muchos de los jugadores de ese Ajax campeón de Europa que debió disputar frente a ellos la Intercontinental. Se hace comprensible que un punto de orgullo movería a esos uruguayos para intentar llevarse la primera victoria ante el combinado *Oranje*. El descrédito de ganar un título intercontinental ante el finalista y no contra el ganador europeo les hacía apretar los dientes.

A pesar del peso europeo adquirido por el Ajax de Michels y Kovacs, la poca información que llegaba a los conjuntos antes de los partidos dificultaba poder estudiar el juego del contrario. Si bien es cierto que existían las grabaciones que hoy por hoy nos llegan, la utilización de esos materiales no era tan común para preparar los partidos. La comparación de los métodos usados en una época y otra nos hace ver las diferencias existentes y, sobre todo, la oposición entre las distintas escuelas futbolísticas. En ese escenario, se podría entender que el equipo de Roberto Porta, seleccionador uruguayo, no iba a tener tan en cuenta el peligro de esta Países Bajos, como le pasaría a Michels con sus rivales. A pesar de eso, sí existía una duda añadida por parte de los neerlandeses, al haber cambiado de entrenador recientemente, tras la salida de Fardhonc. Así se entiende aún mejor que Porta buscara hacer su juego sin tener en cuenta las características esenciales del juego neerlandés y confiando en las habilidades de los suyos. Y eso que el equipo neerlandés asustaba. Rinus Michels puso en el campo toda su artillería: Jongbloed, Krol, Rijsbergen, Haan, Suurbier, Neeskens, Jansen, Van Hanegem, Cruyff, Rensenbrink y Rep.

El plan de juego que tenía Uruguay parecía haber sufrido, como le ocurrió a la mayoría de las selecciones sudamericanas, un retraso evidente con respecto a las nuevas tendencias futbolísticas. El año 1974 iba a suponer la firma inevitable de un cambio que parecía estar afectando ya al fútbol mundial desde el anterior mundial de 1970. A pesar de esa evolución, no era sencillo convencer a los equipos para que abandonaran su forma de ver el juego y, sobre todo para que cambiaran la fórmula que les había dado tantos éxitos. Al contrario de lo que se suele creer, el estilo del combinado celeste giraba alrededor del balón. Juego combinativo, más posicional del desplegado en Europa, pero con gran dominio de la técnica. Con esa asociación de pases y el talento para llegar con efectividad a la portería rival, Uruguay, eso sí, muy lejos del poderío de sus primeros mundiales, seguía siendo una selección capaz de hacer daño. Por su parte, Porta puso en juego el equipo de gala: Mazurkiewicz, Jáuregui, Masnik, Forlán, Montero Castillo, Pavoni, Cubilla, Espárrago, Rocha, Mantegazza y Morena.

Y a pesar de todo, la clave iba a ser el ritmo, la velocidad. Países Bajos imprimía otra marcha más al vehículo del fútbol. Un ritmo nuevo, muy difícil de defender con los recursos que existían en la época, aliñados con una técnica excelsa y una inteligencia táctica portentosa. Ese desarrollo físico que puso en marcha Michels respondía perfectamente a las exigencias de una presión constante y bebía de manera perfecta de la técnica y la precisión para ir un escalón más por encima de los grandes equipos de la época. Era ejecutar un fútbol a una velocidad a la que muchos no podían seguir y a la que otros no tenían las herramientas para ejecutar. Países Bajos tenía ambas y Uruguay sufrió demasiado frente al ritmo impuesto por su rival.

Se vio un partido en el que se sucedieron los ataques neerlandeses y en el que Uruguay apenas conseguiría traspasar la línea de mediocampo, con vagos intentos de llevar la pelota a los pies de su jugador más habilidoso de cara a portería, el delantero de Peñarol Fernando Morena. A pesar de los argumentos futbolísticos de los que hacía gala la selección uruguaya, el ritmo al que se movieron los jugadores de Rinus Michels fue demasiado incluso para la confianza y la destreza que la selección charrúa tenía en su juego. Ya en el minuto siete, Rep mostró su habilidad de cara a gol para poner el primero, aprovechando una jugada construida por la *Oranje* desde campo propio, en la que una jugada personal acabaría en la banda de Suurbier para que sirviera desde la derecha, con pierna izquierda, a la cabeza del joven extremo neerlandés. Un primer golpe a Uruguay en un partido monopolizado por el talento de los europeos.

El juego de Países Bajos triunfaba, no solo por novedoso sino también por lo inesperado. En ese escenario, una selección neerlandesa brillante consiguió volverse enorme ante Uruguay y negarle todo intento de hacerse con el mando del partido, presionando insistentemente al poseedor del balón e impidiendo que pudieran progresar con libertad. Esa seña de identidad marcaría el inicio del Mundial de los de Michels y daría ya un primer aviso a navegantes: la selección de Países Bajos iba en serio y lo había demostrado ante un combinado muy competitivo. El duelo caería pues del lado neerlandés, en un partido que podría haber acabado con una renta mucho más alta. Solo Mazurkiewicz, mítico portero charrúa, logró que la diferencia entre ambos combinados no fuese abrumadora. El segundo y definitivo gol, casi con el partido acabado, nació en la imaginación de Van Hanegem, que se inventó un hueco solo percibido por Rensenbrink y que le permitió dejarle a Rep todo de cara para remachar el resultado, el partido y la victoria ante Uruguay.

En el conjunto naranja, como casi siempre, destacó Cruyff por su lectura de juego y su superioridad bailando por todo el campo, pero como en el Ajax, parte de los focos irían directamente a las alas que acompañaban sus movimientos. Dos jugadores con carreras muy distintas, pero que encajaron de manera perfecta en una Países Bajos que logró, con ellos, ser brillante a nivel ofensivo. Dos perfiles muy diferentes, pero que respondían de manera coordinada y perfecta a los deseos de Michels en la banda y de Cruyff en el césped, siendo además protagonistas, uno por marcar y otro por asistir, en esa jugada final que dejaría el marcador definitivo en el *Niedersachsenstadion*.

Las ciudades de Zaandam y Ámsterdam apenas están separadas por un río, el Zaan. En una ciudad llena de canales, Ámsterdam se levanta majestuosa, llena de puentes y bicicletas, a solo 15 kilómetros de las calles industriales y grises de Zaandam. Como lo estaban ambas ciudades, separadas por el río Zaan, los nacimientos de Rob Resenbrink y Johnny Rep también estuvieron separados por varios años antes de encontrarse para formar equipo con la camiseta naranja de la selección neerlandesa.

Rensenbrink en 1974 - Anefo

El primero, Rensenbrink, el mayor, nació en la gran urbe en el verano de 1947. Su carrera empezó en la propia Ámsterdam, pero no en la cantera *ajacied*, como se podría suponer, sino al servicio de varios equipos amateur de la ciudad. Su primer destino importante sería el DWS Amsterdam, un conjunto que a pesar de su actual lugar en el fútbol neerlandés (en el presente se bate en el tercer escalón futbolístico del país), llegó a ganar la Eredivisie en 1964 y estuvo presente en varias competiciones internacionales, como la Copa de Europa o la extinta Copa de Ferias. La calidad que mostraba Rob Rensenbrink hizo que su participación en el DWS no se extendiera demasiado, pues en 1969 el futbolista hizo las maletas para buscarse la vida en la vecina Bélgica. Primero lo haría en el Brujas, donde no brilló con todo su potencial, pero que le permitió recalar, solo dos temporadas después, a su eterno rival, el Anderlecht. En el equipo malva sí acabaría siendo uno de los grandes jugadores de la historia de la entidad, como parecían prometer sus habilidades. Su forma de jugar siempre se comparó a la de Johan Cruyff, especialmente por su famoso giro y cambio de ritmo. Era un extremo enormemente habilidoso, con gran capacidad de regate y con una velocidad endiablada. Su calidad para ser imprevisible en jugadas uno contra uno, encarando a los defensas, fue esencial para que el Anderlecht conquistara dos campeonatos nacionales de liga, dos títulos de Recopa de Europa (de la que conservó el privilegio de ser máximo goleador histórico de la competición) y otros dos de la Copa de la UEFA. Con la selección nacional logró ser uno de los grandes jugadores de la historia de la *Oranje*, siendo vital en las dos finales vividas por los neerlandeses en los años 70 y especialmente célebre por el balón que mandaría a la madera, con el tiempo casi cumplido, en la final en Buenos Aires de 1978.

Menos recordado que otros grandes jugadores de la época por esa falta de puntería ante Argentina y, sobre todo, por jugar sus mejores años lejos de los grandes clubes de los Países Bajos, su fútbol mereció más de lo que fue reconocido con los años. El rol de Rensenbrink era de los más invariables en el equipo neerlan-

dés. Aportaba profundidad, desequilibrio y velocidad en la izquierda, siempre con un ojo sobre la posición de Cruyff y tratando de no interrumpir en zonas en las que el 14 pudiera aparecer con su ingenio y anarquía posicional. De los titulares para Rinus Michels, Rensenbrink fue la única pieza que cambió en una alineación, en el segundo duelo ante Suecia. Su capacidad para desequilibrar desde banda zurda le hizo ser titular en el resto de partidos sin discusión. Una pieza clave en las transiciones de Países Bajos y que formaba un tándem de oro junto a su homólogo posicional en el extremo opuesto del equipo naranja.

A solo 15 kilómetros de la capital, pero cuatro años más tarde, en 1951, nacía el más joven, Johnny Rep. Lo hizo en la ciudad de Zaandam, una urbe esencialmente industrial, donde Rep viviría y jugaría en el equipo local, el ZFC Zaandam, hasta los 17 años. A esa edad, decidió recorrer esos 15 kilómetros para jugar en la capital, integrándose en el equipo juvenil del Ajax. Su participación con el primer equipo no se haría esperar, dándose en la temporada 1971/72, donde el jugador pasó a formar parte del primer equipo a las órdenes de Rinus Michels. La verdad es que todo le salió a la perfección en el Ajax. Su ascenso coincidió con un entrenador ávido de ilusión a la hora de confiar en el talento de la cantera para apuntalar su idea de juego y Rep demostró rápidamente que su habilidad y su velocidad eran muy superiores a lo normal. Rinus Michels veía en Rep a un extremo con facilidad para mirar a portería, que conseguía ser molesto para las defensas rivales con sus movimientos diagonales desde la banda y que, además, se adaptaba bien a esa idea móvil que imaginaba para el ataque del Ajax. Era un extremo lleno de ases bajo la manga. Con el club de Ámsterdam conseguiría dos títulos de Copa de Europa, dos Eredivisie y una Copa Intercontinental. Tanto en el Ajax (en sus primeros años) como en la selección el juego de Rep dependía, en muchos casos, de la disposición de un Johan Cruyff en constante movimiento. De inicio, Cruyff cumplía como delantero centro de un equipo sin delantero centro. En esa especie de falso 9, muy al estilo del Hidegkuti húngaro en los años 50, Cruyff se comportaba como una pieza libre, moviéndose de un lado a otro y apareciendo por donde creía más propicio en cada minuto. Atendiendo al desplazamiento del 14, el joven extremo leía de manera clara cuál era la zona donde debía aparecer y ser útil al sistema y a la idea, siendo un extremo afilado y, también, un centrodelantero móvil que trataba de aparecer y rematar a portería de manera sorpresiva.

Johnny Rep anotó en ese primer duelo ante Uruguay los dos goles, mostrando lo bien que se desenvolvía ante los porteros rivales y avisando que la maquinaria de ataque de Países Bajos, más allá de Cruyff, no debía tomarse en broma.

Dentro de lo que fue el devenir de la selección y de los grandes nombres que en ella habitaron, estos dos son de los realmente importantes para ilustrar que, de no haber existido la figura del gran Johan Cruyff, ambos extremos podrían haber destacado más de lo que lo acabaron haciendo. En todos los campos en los que dejaron su fútbol, tanto Rensenbrink como Rep lograron ser piezas esenciales, mostrando su calidad y haciéndose importantes allí donde fueran. Dos piezas que hicieron su trabajo de manera perfecta en una selección que giraba en torno a un genio y que, en muchas ocasiones, fueron opacadas por su tremenda calidad y liderazgo.

Rep, en noviembre del 73 - Anefo

En ese primer duelo ante Uruguay, un chaval del Ajax que podría haber jugado esa Intercontinental ante Nacional, de haberse celebrado, se convirtió en protagonista absoluto con la ayuda de su compañero en la otra banda, un delantero formidable del Anderlecht belga. Ambos pudieron mostrar la calidad que atesoraban ante una selección charrúa mayúscula, no tan brillante como algunas anteriores, pero que se componía de jugadores tremendamente ilustres y recordados por los aficionados celestes.

A los charrúas les tocó bailar con un duro contendiente con el hándicap de no saber bien el tamaño del rival al que se enfrentaban. El primer paso de una selección que demostraría partido a partido que el ingenio del reconocidísimo Johan Cruyff no iba a ser la única pieza a temer.

CAPÍTULO 5

PAÍSES BAJOS 0-0 SUECIA

Como con ese famoso verso de Machado, "...se hace camino al andar...", Países Bajos pretendía seguir su senda en Alemania Federal en el importante Mundial de 1974. El siguiente paso sería igual de importante que el primero y no debían confiarse por el excelente partido mostrado ante la cuatro veces campeona del mundo. Cada paso era importante, pero el miedo lógico a tropezar parecía natural sabiendo lo que se jugaban. El gran Miguel Delibes, autor vallisoletano, tiene una novela llamada *El camino*. En ella, un joven parece tener vértigo del nuevo mundo que le esperará al mudarse para hacer el bachillerato. Ese miedo al enfrentar un camino desconocido, justo cuando estás delante del mismo, podía aparecer en cualquier momento en las cabezas de los neerlandeses. Un camino a la gloria o a una nueva derrota. Pero la fe estaba muy presente, en la idea y en el talento que hacían posible ejecutarla. Para el segundo partido de ese camino, la *Oranje* debería viajar hasta la ciudad de Dortmund.

En 1974, la ciudad germana no era el imán de turistas en el que se ha convertido desde los años 90. Siendo siempre una de las principales ciudades de Renania del Norte-Westfalia, en los 70 la ciudad de Dortmund no difería mucho de cualquiera de las vecinas, todas urbes dedicadas en gran parte al sector de la industria carbonera a orillas del río Ruhr. Sin embargo el río Emscher, que fluye por toda la ciudad, así como el canal Dortmund-Ems, las dotó de una diferencia fundamental. Ese marco fluvial en el dibujo de la ciudad de Dortmund la conectaba en parte con Ámsterdam, capital del país que ese miércoles 19 de junio del 74, iba a enfrentarse a Suecia entre sus lindes.

La selección sueca vivía aún en los 70 de los logros que en los años 50 habían merecido, con jugadores de altísimo nivel que pudieron hacer historia en el país nórdico en el Mundial de 1958, tras llegar a la final contra Brasil. Sin embargo, Pelé, Didí y Garrincha harían de las suyas para tumbar a los suecos y hacerse con su primer título mundial, ocho años después de haber sido humillados en Maracaná por la Uruguay de Ghiggia, Varela o Schiaffino. En esa misma cita, en 1950, Suecia fue vapuleada por Brasil que cayó después derrotada ante los charrúas, siendo superada por 7 goles a 1 en un partido que parecía argumentar con solvencia la superioridad de la selección anfitriona.

Al perder también frente a los uruguayos por 3 goles a 2, en un partido en el que Óscar Míguez se erigiría como héroe de la contienda marcando los dos goles definitivos para llevarse el duelo, se les negó a los escandinavos la oportunidad de luchar el título. Un infortunio tremendo, después de haber logrado ganar a la selección española por 3 goles a 1, con gol español del eterno goleador vizcaíno Telmo Zarra.

En esa Suecia jugaba uno de los mayores ídolos de la historia del fútbol sueco. Al contrario de los famosos Gre-No-Li del Milan (Gren, Nordhal y Liedholm), Lennart "Nacka" Skoglund jugó con la selección nórdica durante los mundiales de 1950 y 1958, estando presente en las dos grandes citas mundialistas con su país. Tras esos años dorados, con la consecución de la medalla de oro de los Juegos Olímpicos de 1948 y el buen papel en los 50, Suecia se presentaba esperanzada en 1974, tras perderse las ediciones de Chile e Inglaterra y caer eliminada en fase de grupos en el Mundial de México 70.

En esa cita ya estuvo el líder de la Suecia que debería enfrentarse en aquel partido en Dortmund a los neerlandeses. El notable centrocampista Bo Larsson, gran ídolo del Malmö sueco, capitaneaba el destino de su selección en ese nuevo Mundial en Alemania Federal. En el primer duelo que jugaron los suecos, ante Bulgaria, no habían logrado pasar del 0 a 0 y necesitaban dar un paso adelante en el grupo para tratar de colarse en la siguiente fase y dejar atrás la sombra de su actuación solo cuatro años antes. Para ello, era necesario marcar ante la Países Bajos de Rinus. Al contrario de lo sucedido con Uruguay, Suecia sí tenía una referencia de juego con los neerlandeses, tras ese primer partido portentoso de la *Oranje* ante Uruguay. Esa primera cita, con un engañoso marcador 0 a 2 que pudo ser mucho más amplio, pareció despertar la necesidad, por parte del resto de equipos, de saber a qué se enfrentaban. Pero una cosa era saber cómo jugaba y otra poder pararla. El rival a batir, por delante de la Uruguay de Porta, parecía ser el equipo de Michels.

Además de Larsson, Suecia contaba con Ralf Edström. El delantero había firmado solo un año antes por el PSV Eindhoven, rival del Ajax y uno de los grandes equipos de la Eredivisie que, en la 73/74, quedó solo dos puntos por detrás del conjunto *ajacied* entrenado por Rob Haarms, que había llegado en sustitución del rumano Kovács. Esa temporada, el robusto sueco fue cuarto máximo goleador en la liga, por detrás de René van de Kerkhof, Leo van Veen y Willy van der Kuijlen, máximo goleador de esa temporada y con el tiempo, máximo goleador histórico del fútbol neerlandés.

Puede parecer sorprendente, pero Van der Kuijlen no sería citado por Rinus Michels para viajar con la selección, con la que sí lo hicieron dos compañeros de Edström en el PSV. Los gemelos Van de Kerkhof, Willy y René, que apenas entraron en juego durante el Mundial del 74, formaron parte de los elegidos de Michels, para ser esenciales para Happel en 1978. Pero Van der Kuijlen, del mismo equipo, no fue convocado a pesar de su gran año goleador. Y lo cierto es que, de haberlo hecho, probablemente tampoco habría ido.

El jugador de Helmond, una localidad sureña cercana a Eindhoven, apenas contó en la selección de Rinus, aunque sí lo hizo en los años previos y posteriores. Desde su debut, en 1966, con Denis Neville como seleccionador y volviendo a ser convocado por George Knobel, sustituto de Michels tras el Mundial de 1974, Van der Kuijlen apenas disfrutó de constancia a la hora de contar para el equipo nacional pese a vivir momentos brillantes como futbolista. En su última etapa fue convocado en 1977 para un partido clasificatorio para el Mundial de Argentina de 1978 contra Irlanda del Norte, pero finalmente Ernst Happel confiaría en Nanninga, delantero centro del Roda, para esa cita.

De todos los convocados por Países Bajos en 1974, casi no existían recursos que pudieran cumplir con ese perfil de delantero centro al uso. Quizá solo Geels, jugador que ficharía ese mismo verano por el Ajax, había destacado en el Brujas belga las últimas dos temporadas como goleador, siendo integrante del equipo campeón de la 72/73 (temporada en la que Rensenbrink fue máximo anotador). Y ni siquiera Van der Kuijlen era delantero centro, aunque en muchas ocasiones jugara como tal. El ídolo del PSV se trataba de un centrocampista llegador, con muchísima calidad de cara a puerta y con un golpeo sobrenatural. Apodado Mr. PSV por su lealtad a los colores del club, solo una breve estancia al final de su carrera en Maastricht lo alejaría del equipo de la Philips. Lo curioso es que, además de una tremenda facilidad para hacerse enorme en área contraria, el de Helmond tenía una relación más que tensa con Johan Cruyff. Ambos jugadores no se toleraban y no se molestaban en ocultarlo. En Países Bajos se buscaron siempre que pudieron e incluso con Cruyff en el FC Barcelona Willy van der Kuijlen se tomó su particular venganza eliminando al 14 y al Barcelona de la Copa de la UEFA en 1977. Convocar al experimentado goleador del PSV hubiera sido una guerra abierta con un Cruyff que, al parecer, puso entre la espada y la pared a la federación, dejando claro que con la *Oranje*, era él o Mr. PSV, nunca los dos. Y Michels tenía claro que, para su engranaje, era necesario tener a Cruyff contento.

Piet Keizer, en 1974 - Anefo

Por lo explicado sobre la figura del delantero centro en el equipo naranja y, sobre todo, entendiendo el rol que Michels le pedía a Johan Cruyff, es sabido que el entrenador neerlandés prefería tener en ataque jugadores que pudiesen apoyar esa constante ocupación de espacios que se daba con Rep, Rensenbrink y Cruyff. Encajar posibles reemplazos en ese trío era complejo, pues la química y la lectura posicional jugaban una parte esencial y era complejo encontrar figuras que pudieran sumar en ese sentido. Quizá pensando en esa necesidad y a pesar de las dudas de su estrella, Rinus Michels optó por incluir en la lista a Piet Keizer.

Junto al central Israël y al portero Jongbloed, Keizer era uno de los jugadores más veteranos de la selección neerlandesa. A sus 31 años, el extremo no era ni mucho menos parte esencial de los planes de Michels, pero era una pieza interesante por el conocimiento que tenía este de su juego y, sobre todo, por su encaje inmediato con la idea y el modelo, que había vivido y aprendido en el Ajax durante toda su carrera. Piet Keizer fue partícipe, junto a Cruyff, de los mejores momentos del Ajax ya que, aunque comenzó jugando en el equipo del barrio de Amstel, el talento del extremo del Ajax empezó a forjarse en la cantera *ajacied*.

Sus primeros aportes al primer equipo del club fueron en 1961, debutando ante el Feyenoord un 5 de febrero. Desde que jugara esos primeros minutos con la camiseta roja y blanca, Keizer sumó con el Ajax más de 400 partidos, dejándose la piel por el club en el que permaneció toda su carrera. Una carrera con altos y bajos, pues en sus primeros años tuvo que luchar, precisamente junto a Cruyff y con la ayuda de Cor Coster por uno de los primeros contratos profesionales del fútbol neerlandés.

La firma de esos primeros contratos profesionales del Ajax provocó una avalancha que cambió por completo el fútbol neerlandés, con jugadores siguiendo sus pasos para tratar de mejorar las condiciones globales de los futbolistas. Un hecho que propició también una vuelta de tuerca en cuanto a la calidad de las plantillas del primer nivel futbolístico de Países Bajos. Esa profesionalización permitió que el nivel del fútbol neerlandés mejorara, añadiendo competitividad a la competición y permitiendo a los jugadores dedicarse al 100% al deporte de una manera más coherente y estable. Todo fue una cascada de cambios, pues esta evolución permitía, por ejemplo, que las sesiones de entrenamiento fueran más exigentes y enfocadas en la competición, algo que, con Michels como entrenador, era un punto a tener muy en cuenta. Con un comienzo tan prometedor, la relación entre Cruyff y Keizer parecía viento en popa, pero uno de los detonantes de la salida del mítico 14 nacería precisamente de la competencia con su compañero y amigo.

Las tensiones llevaban creciendo un tiempo. Es de todos conocido que Cruyff no era una figura fácil de controlar. Se dice incluso que gestionaba parte de las primas del equipo, no solo en el Ajax sino también en la selección. Según él, al ser la estrella del equipo, merecía que sus primas fueran superiores. Si bien es cierto que esas excentricidades iban colmando la paciencia de algunas piezas importantes del equipo, la situación en el Ajax también había ido cambiando desde la salida de Rinus Michels. La estela ganadora parecía haber seguido incluso después de su marcha, pero muchas de las costumbres dentro del club fueron flexibilizándose a medida que pasaba el tiempo. La entrada de nuevos jugadores y una creciente libertad de acción en el día a día del vestuario fueron cimentando una pérdida de competitividad y respeto por los valores creados en la etapa de Michels. Y Cruyff no estaba dispuesto a pasar por alto ni tolerar tales situaciones. Sin la rigidez de Rinus, el 14 había perdido a su principal valedor, pero también a quien ponía las normas en un vestuario que había ido perdiendo esa hambre para afrontar nuevos retos. De esa manera, el vestuario fue perdiendo fe en cuanto a la idea y a la jerarquía impuesta durante los años de éxito y que se habían respetado con Kovacs. El punto clave llegaría con la nueva temporada, ya con George Knobel a los mandos y con la tradicional elección de capitán.

Tal y como relata David Winner en su libro *Brilliant orange*, la elección de capitán de la temporada 73/74 supuso el punto de inflexión clave para la relación entre Keizer y Cruyff. La votación había ido rotando en los años anteriores y, siguiendo ese plan, se esperaba que Cruyff fuera el nuevo capitán del Ajax. Según como cuentan las fuentes, la elección se hacía entre todos los jugadores y con el entrenador fuera del vestuario, dándole la función después de leer los resultados. Sorprendentemente, en esa ocasión, la mayoría de Keizer fue apoteósica, batiendo a un sorprendido Cruyff y a un Hulshoff que, a pesar de ser uno de los veteranos, no llegó a recibir voto alguno.

Piet Keizer, por tanto, sería el nuevo capitán del equipo y Cruyff, entendiendo ese gesto como una falta de confianza, ya iba haciendo las maletas en su cabeza. Entender que ya no tenía el pleno apoyo del vestuario le dolió y le hizo entender que su función, en el Ajax, había acabado ese día. Pero sentir que Keizer le traicionaba fue algo más difícil de digerir. Él mismo lo detalla en su biografía, en la que afirma: "El golpe resultó más fuerte aún porque no solo jugábamos en el mismo equipo, sino que además éramos amigos íntimos". Tras esta votación, Cruyff detalla también que llamó a su suegro y agente, Cor Coster, para comunicarle que tenía que buscar desde ya un nuevo club para él. Hay muchos testimonios que afirman que, más allá de la preocupación por competir o no al nivel exigido, la capitanía y la pérdida de confianza del vestuario fueron la gota que colmó el vaso en la relación entre Cruyff, el Ajax y el propio Keizer. Gerrie Mühren, compañero de ambos en el equipo, afirmó que, de no haberse dado ese resultado, Cruyff podría haber seguido en el equipo como mínimo un par de temporadas más.

Piet Keizer, como capitán, vería cómo el Ajax quedaba tercero por detrás de Feyenoord y Twente en esa temporada de Eredivisie, en un año en el que apenas lograría marcar 3 goles y en el que la llegada de Zoltán Varga, el talentoso jugador húngaro del Ferencvaros, no pudo tapar el inmenso vacío que generó la marcha de Cruyff al FC Barcelona. George Knobel solo duraría un año en el banquillo y, tras su marcha y las breves estancias de Haarms y Kraay como sucesores, llegaría de nuevo Rinus Michels en 1975.

Pero estamos aún en la primavera del 74 y Rinus Michels, lejos de volver al Ajax, ha de encargarse de formar una plantilla que pueda cumplir con el ambicioso objetivo de representar a Países Bajos en el Mundial. Y lo cierto es que, aunque solo fuera como comodín, Keizer encajaba a la perfección a la hora de ser la pieza intercambiable con los hombres de ataque.

A pesar de que parecía que sus mejores momentos como futbolista habían pasado, Keizer era un jugador que dominaba todos los aspectos de lo que se puede presuponer a un extremo neerlandés. El jugador de Ámsterdam era un especialista habilidoso, de los que se pegan a la banda y saben cuándo buscar las cosquillas al lateral rival. Un jugador de desborde y profundidad, que podía aportar como goleador pero que no tenía esa iniciativa de área ni de diagonal como sí la tenían Rep o Rensenbrink. No obstante, la pieza de Keizer era de galones, de química y de pura calidad y, tras la decisión de Michels, se encontraría de nuevo con Johan Cruyff como capitán de la selección neerlandesa. Un punto de experiencia y solvencia en una posición en la que Michels buscaba más conocer la idea que efectividad. Para el General la titularidad la tenía ganada Rensenbrink. Si no había nada que lo impidiera, se entiende.

Justo antes de entrar al campo en Dortmund, el 19 de junio de 1974, saltaba la sorpresa con la alineación de Rinus Michels. El entrenador dejaba fuera a Rensenbrink para alinear de inicio a Keizer. Tras unas molestias del jugador del Anderlecht durante el calentamiento, Michels se vio obligado a sacar un 11 novedoso muy a su pesar. Ya en el césped, con el mismo dibujo y con los mismos nombres que ante Uruguay salvando el caso de Keizer, el partido contra Suecia parecía que iba a ser un choque de trenes.

Si bien el encuentro contra Uruguay tenía mejor cartel, el duelo entre dos selecciones europeas con el objetivo de demostrar su valía en 1974 planteaba un escenario atractivo. En la primera jornada de los cuatro grupos del Mundial, ningún equipo sudamericano logró ganar sus encuentros. Al igual que Uruguay perdió ante los neerlandeses, Argentina cayó ante Polonia, Brasil empató a 0 contra Yugoslavia y Chile cayó ante Alemania Federal. Ya se anticipaba que la mayor competencia, en este Mundial, podía darse precisamente entre las selecciones europeas, un escalón por encima en cuanto al desarrollo físico y sus prestaciones y, como en el caso de la selección de Michels, también en cuanto al ritmo y maniobras de juego.

En ese escenario, Suecia sabía que puntuar frente a una selección como la de Cruyff y compañía, en un Mundial como el que se estaba dando, era la puerta a poder disputar la siguiente ronda con casi total seguridad. De esa manera, el seleccionador sueco, Georg "Åby" Ericson, tenía claro que el partido no se les podía escapar para poder ir con todas las garantías posibles a jugársela frente al combinado de Uruguay.

Ante la selección neerlandesa, Suecia formó con una alineación más conservadora, dejando fuera a uno de los delanteros alineados ante Bulgaria, Conny Torstensson, para dejar su sitio al defensor Bjorn Nordqvist, también jugador del PSV Eindhoven neerlandés, para cambiar el dibujo de 1-3-4-3 ante los búlgaros a un 1-4-4-2 para la cita ante el combinado *Oranje*. A pesar de lo que pueda expresar el sistema, las aspiraciones de Suecia no eran defensivas, algo que quedó demostrado durante el partido, pero sí veía importante no ceder espacios a la delantera de la selección neerlandesa. Los de Ericson salieron con Hellstrom, Olsson, Karlsson, Nordqvist, Andersson, Ove Grahn, Bo Larsson, Tapper, Ejderstedt, Edstrom y Sandberg.

El choque entre ambos equipos fue más emocionante de lo que puede reflejar el resultado final de 0 a 0, pues Suecia no tenía ni mucho menos miedo a buscar con asiduidad la portería de Jongbloed. Su juego interior se mostró muy peligroso e interesante, con el capitán Bo Larsson filtrando pases al sobresaliente delantero Edström, que se mostró muy activo desde el inicio. Esas incursiones del ariete sueco protagonizando varias acciones de mucho nivel tanto ofensiva como defensivamente desde los primeros minutos, fueron suficientes para que Michels se diera cuenta de que no iba a ser una empresa sencilla. En un encuentro en el que la figura de Cruyff volvió a destaparse como básica a la hora de entender la superioridad neerlandesa, Suecia supo calibrar bien la necesidad de acercarse a la portería rival y defender su espalda, llegando incluso a crear dificultades a Rijsbergen, que tuvo que emplearse a fondo para cortar los acercamientos de los dos delanteros suecos: el gigante Edström y su acompañante, Sandberg. Tanto calibraron suecos y neerlandeses que de puro miedo acabaron por firmar las tablas. Un resultado que, a juzgar por los primeros minutos, parecía imposible.

Para Países Bajos era un resultado que parecía un tropiezo y para Suecia significaba un alivio. El vendaval neerlandés no era solo contra rivales sudamericanos, tal y como demostraron en los 90 minutos de Dortmund, incluso sin uno de sus mejores hombres sobre el campo. El ilustre 9 del Ajax, Piet Keizer, le dedicó toda su vida al equipo de Ámsterdam y consiguió aparecer en el Mundial de 1974 en ese partido que jugó bajo el cielo encapotado de Dortmund. Esos 90 minutos ante Suecia fueron los únicos que tuvo la oportunidad de jugar Piet Keizer en un mundial.

Keizer y Cruyff, en la concentración de Hiltrup
- Anefo

Cruyff y Keizer, antes amigos, en ese momento compañeros que se respetaban como futbolistas, compartieron vestuario por última vez esas semanas de 1974. Curiosamente ninguno de los dos volvería a jugar otro mundial y tuvo que ser en esa cita, el miércoles 19 de junio de 1974, cuando ambos excompañeros del Ajax jugaran juntos, con la camiseta de la selección, por última vez.

CAPÍTULO 6

BULGARIA 0-3 PAÍSES BAJOS

Resulta que para el siguiente paso, a los jugadores de Países Bajos no les haría falta moverse de Dortmund. El tercer y último partido de la fase de grupos se celebraría en el mismo lugar que el anterior. La organización quiso que fueran el *Westfalenstadion* y la ciudad de Dortmund los testigos de la última cita en la primera fase de grupos del combinado naranja. Y era un partido contra el seleccionado de Bulgaria.

El aspecto del actual templo del Borussia Dortmund apenas recuerda al que, pocos meses antes de la celebración del Mundial de Alemania Federal se inauguró en la ciudad de la cuenca del Ruhr. Si bien el actual nombre de Signal Iduna Park parte de un acuerdo comercial de 2005 con una compañía de seguros, el estadio se creó con el nombre de la región en la que está ubicado, Westfalia. Es llamativo que el equipo *borusser* se encontrara, en el momento de la inauguración de su flamante nuevo estadio, en la segunda división germana.

Tras varios años pasando penurias, el Borussia Dortmund volvería a la élite de la Bundesliga solo dos años después de la inauguración, en 1976. Ese año, Alemania Federal llegaría a otra final, esta vez de la Eurocopa. La gesta daría lugar en Belgrado, Yugoslavia, y midió al conjunto germano contra la Checoslovaquia de Ivo Viktor, Masný o Panenka, con especial participación del último en el resultado final. Su célebre disparo superó a Sepp Maier desde los once metros y logró que el trofeo europeo viajara a su país. El amargor de esa derrota fue mitigado, al menos para el aficionado del Borussia Dortmund, con un ascenso que les permitía volver a su estadio en el primer nivel de la Bundesliga.

Una de las cuestiones más llamativas del gran estadio del Dortmund es la grada de "La Sur" o, como llaman a la afición dispuesta en esa grada, *Die Gelbe Wand*, el Muro Amarillo. Cerca de 25 000 almas de pie, cantando por y para el equipo de Dortmund. Se trata de la grada con más plazas de pie de Europa, un orgullo que alimenta las aspiraciones de un Borussia Dortmund que puede presumir de ser el equipo de fútbol con las mejores tasas de asistencia de todo el mundo. Un dato que pudo ser vital para que su estadio, el Signal Iduna Park, fuera considerado por *The Times* como el mejor estadio del planeta (en un ranking realizado en el año 2009).

Muchos años antes, poco después de la inauguración en abril de 1974, la selección de Bulgaria se citaría en este prestigioso estadio de Dortmund con un gran reto por delante. Les tocaba medirse ante la ya temible Países Bajos de Rinus Michels. En ese entonces "La Sur" no tenía su fama y, como estaba siendo común en las citas anteriores, el estadio alemán tendría mayoría neerlandesa en las gradas también ante Bulgaria. Tras empatar con Suecia y Uruguay, el combinado de Hristo Mladenov dependía únicamente de su resultado ante la selección neerlandesa para poder avanzar en el

Mundial. La trascendencia de ese paso de ronda sería histórica, después de haberse bajado de la competición en las ediciones de Chile 1962, Inglaterra 1966 y México 1970 en el mismo escalón, la primera ronda de grupos. Probablemente, Mladenov tenía muy presente lo que podía esperarles en el césped del recién construido *Westfalenstadion* tras los dos primeros duelos de la *Oranje* en el Mundial de 1974.

El experimentado técnico búlgaro había llegado dos años antes a la selección de su país, aupado por el buen rendimiento mostrado en el Beroe Stara Zagora, en el que llegó a asentarse como uno de los grandes entrenadores de la historia del club. Su acierto fue enorme en el banquillo del club búlgaro, consiguiendo hacerse con la extinta Copa de los Balcanes en dos ocasiones y clasificándose para la Copa de la UEFA. Ese último hito lo disfrutaría su sucesor, pues la llamada a filas de la Federación de Bulgaria para hacerse cargo del combinado nacional llegaría tras ese último servicio. A pesar de los éxitos y del crecimiento logrado en los años previos al Mundial de Alemania Federal, Mladenov convocó a todos sus jugadores para el torneo de entre equipos de la capital, Sofía, con la contadísima excepción del defensa Stefan Velichkov, jugador del Etar Veliko Tarnovo.

Dentro de esa convocatoria faltaban dos nombres. Habrían ido, con total seguridad, dos jugadores más a la convocatoria de Mladenov. Ambos eran jugadores del Levski Sofia y habían sido muy importantes en el pasado reciente de la selección búlgara. Solo la tragedia logró que Kotkov y Asparuhov se ausentaran de la lista de Mladenov para la nueva cita mundialista de 1974, así como sí estuvieron en los partidos clasificatorios del Mundial de 1970, en los que consiguieron apear a la Países Bajos de Kessler.

Nikola Kotkov nació en la capital de Bulgaria en diciembre de 1938. Comenzaría su camino en el Lokomotiv Sofia, donde jugó gran parte de su carrera. En 1964 fue declarado mejor jugador búlgaro y en toda su etapa como jugador del "Loko" logró convertir 145 goles en sus 286 partidos. El delantero fue uno de los grandes nombres de la historia del equipo, gracias a su excelsa técnica y su calidad a la hora de ejecutar las faltas. Finalmente, firmó en 1969 por el Levski Sofia. En el conjunto *sinite* le esperaba Gueorgui Asparuhov.

Asparuhov nació también en Sofía, años después que Kotkov, en mayo de 1943. Unido al club de la capital desde 1959, con una breve etapa en el Botev Plovdiv, Gueorgui Asparuhov destacaba por su remate de cabeza y su finura a la hora de finalizar. Su destreza le llevó a ser uno de los grandes jugadores de Bulgaria y solo unos años antes de que la pareja de delanteros llegara a juntarse en el Levski Sofia, sus buenas actuaciones llamaron la atención de grandes equipos que intentaron sin éxito su fichaje. Su calidad era abrumadora y gustaba a todos. Se cuenta que el propio Nereo Rocco, entrenador del exitoso Milan de la época, se vació intentando por todos los medios conseguir el sí del delantero búlgaro después de verlo en acción en 1967. Ni el dinero ni las promesas le hicieron dudar. Asparuhov amaba su ciudad y amaba su club. Era feliz en el Levski. Hoy, incluso, el estadio del club lleva su nombre.

Ya con Kotkov en el equipo, el Levski de Asparuhov logró vencer en el torneo nacional búlgaro. Unos meses después de la victoria y de las celebraciones, en un viaje conjunto a la ciudad de Vratsa, el 30 de junio de 1971, se vieron envueltos en un accidente automovilístico que se llevó la vida de ambos. Koteto y Gundi, como se los conocía, fueron despedidos en un funeral al que asistió más de medio millón de personas. Su fútbol no salió jamás de las fronteras de Bulgaria, pero su trascendencia fue tal que aparecieron con asiduidad en las listas de mejores jugadores de la época, así como son recordados aún como dos de los mejores futbolistas búlgaros de la historia.

Solo siete días antes de que se cumplieran tres años de su muerte, Bulgaria, la selección de la que habrían formado parte en 1974, se la jugaba ante una sorprendente Países Bajos que lo tenía todo de cara para seguir en la competición. A pesar de la ausencia de estos dos grandes nombres, la selección de Mladenov quiso ser fiel a su estilo y salir a por todas en un partido en el que necesitaban marcar para conservar la esperanza. Y lo cierto es que el azar quiso que el único gol en el marcador de Bulgaria fuera obra de un futbolista neerlandés.

Rudolf Josef Krol nació en Ámsterdam en 1949. Sus primeros pasos en el Ajax fueron de la mano de Rinus Michels, tras hacerse con el puesto de lateral zurdo por la salida de Theo van Duivenbode, que marchó en 1969 rumbo al Feyenoord. Su extraordinaria capacidad para superar líneas con el balón, así como servir de apoyo para los jugadores creativos, hicieron de él uno de los pilares básicos, no solo del Ajax, sino también de la selección neerlandesa.

Ruud Krol, en 1974 - Anefo

Siempre se destaca de Krol su capacidad para pensar a una velocidad enorme. Su facilidad a la hora de resolver problemas llamaba la atención en un fútbol que exigía de todas las piezas una destreza máxima. A pesar de que podía parecer que el defensa se fundía con los compañeros en un juego caótico y acelerado, la principal virtud de los movimientos que nacían de las botas de Krol residía en la clarividencia que tenía a la hora de decidir dónde y cuándo. Con una habilidad enorme para combinar la defensa del puesto de central zurdo con la ligereza y profundidad necesaria para ser carrilero por la izquierda (siendo diestro, para más mérito), Ruud Krol se hacía enorme como espejo de Suurbier, que solía proyectarse con igual profundidad por derecha siempre que era necesario.

Esa habilidad para entender el juego y la más que lógica merma física a lo largo de los años lo llevaron a ser líbero tiempo después, dejando ver su tremenda calidad en el reparto de juego y en la salida de balón. Es probable que el *summum* de Krol a nivel global se viera en ese doble juego como central y carrilero en un equipo que solicitaba con asiduidad que todos los efectivos variaran su zona de influencia y que entendieran en todo momento el rol preciso para cada situación. La polivalencia era un bien indispensable para Michels y muy valorado en el fútbol que derivaría de esos años. En el caso de Krol, interpretaba con la presteza de un maestro la función a seguir en cada momento y, a la vez, respondía con rotundidad en defensa.

Porque era, jugaba y sabía ser defensa. No se trataba de esa especie de lateral moderno de los que, parece, se olvidan de defender o no lo toman en cuenta a la hora de hablar de sus habilidades. Con el tiempo se ha ido despreciando o valorando menos esa virtud defensiva en un fútbol que, en la tendencia en la actualidad, se ha fijado más en el aporte ofensivo que en el defensivo. Pero no era el caso de Ruud Krol. Cumplía ampliamente en ambas funciones y sabía combinarlas con coherencia. Siendo su técnica, lectura y disparo muy llamativos, su posicionamiento y su capacidad para ir al cruce en anticipación eran aún mejores. Una mezcla perfecta entre habilidades defensivas y ofensivas, en un jugador que hacía gala con su juego de la idea esencial del entendimiento del juego de Rinus Michels. Lo cierto es que, si se habla de esos roles en el lateral, es indispensable tener que hablar de su gemelo en banda diestra.

En esa banda contraria, había otra de las piezas determinantes en los planes de Michels: Wilhelmus Suur-

bier. Nacido en la segunda ciudad más grande de Países Bajos, Eindhoven, inició su carrera en el Ajax, siendo de los primeros cachorros en surgir desde el club *ajacied* al primer equipo. Sus habilidades para ser importante en la fase ofensiva le proporcionaron un plus para que Rinus Michels se fijara rápidamente en él. Veloz, con gran capacidad de pase y con mucha facilidad para aparecer en segunda línea, apoyar el ataque o, incluso, finalizar, Suurbier era un lateral en la línea de las necesidades del Ajax, en su momento, y de la selección *Oranje* tras la llegada del General.

Con buena interpretación de la función necesaria en cada momento y más enfocado en el ataque que en la defensa, ese ir y venir de Suurbier no deja de ser otro de los productos legítimos de la fábrica Ajax. Hecho a medida para la idea de Michels, su aporte como futbolista le permitió aparecer en varias posiciones y funciones en toda su carrera, llegando a ser lateral en ambos costados y, por su papel, apareciendo en zonas ofensivas y en la frontal para sorprender las defensas rivales. La pieza de Suurbier es de las fijas cuando se habla del Ajax o de la selección de Países Bajos como precursora de lo que después llegaría en el fútbol de nuestros días. Como lateral, apareciendo con velocidad desde el flanco, recorriendo metros y asociándose para llegar a centrar al área, se antoja como una imagen manida de los partidos *ajacied* y *Oranje* en los años 70. Su aporte es básico, casi elemental. Su fútbol le llevó a jugar en Francia (Metz), Alemania (Schalke 04) o en los Estados Unidos, donde coincidió con Cruyff en LA Aztecs. Siempre se vio a Suurbier como uno de los incondicionales de la idea y de la escuela y, en efecto, lo fue. Con la vitola de campeón de Europa con el Ajax en tres ocasiones y su presencia casi obligatoria en las citas de la selección neerlandesa de los años 70, la figura del jugador de Eindhoven se hizo eterna para el aficionado neerlandés.

Los laterales de la *Oranje* del 74, en constante movimiento, se debían comportar en ocasiones como extremos, otras tantas como interiores y, a veces, como centrales en línea de tres. Si bien hemos hablado de la importancia de Krol como esa figura de carrilero asociativo, con capacidad suficiente para alcanzar un nivel altísimo en fase defensiva y ofensiva, así como de Wim Suurbier, en un rol muy parecido, la polivalencia requerida por el seleccionador, unida a un talento y una velocidad física y mental por encima de lo normal, se veía de manera recurrente en varias piezas de este equipo.

Suurbier, con el Ajax - Anefo

Con esas alas defensivas y ofensivas se presentaba la Países Bajos de Rinus Michels en un partido que iba a discurrir de la mejor manera posible. El paso hacia adelante de los búlgaros, buscando una opción para pasar a la siguiente fase, les daría las oportunidades suficientes para colocarse por delante a los cinco minutos, tras un gol de penal de Neeskens. Una falta temprana de Stoyanov a Cruyff se convertiría en ese primer gol en contra para los búlgaros, que veían cómo el plan empe-

zaba a tambalearse. En esa selección neerlandesa móvil, en la que el constante cambio de roles y las necesidades posicionales a la hora de jugar exigían una gran capacidad futbolística y de adaptación de sus jugadores, existía en uno de los efectivos en mediocampo un ejemplo perfecto de servicio a la idea. En un viaje constante entre la zona de tres cuartos ofensiva y el apoyo en la salida de balón, Haan se presentaba como otro de los aventajados en el camaleónico equipo *Oranje*.

Nacido en la provincia de Groningen, en la pequeña localidad de Finsterwolde, en 1948, Arie Haan comenzó su carrera en el longevo Winschoter Voetbal Verenigin, un club histórico de Groningen, antes de dar el salto a las categorías inferiores del Ajax. En esa etapa, primero con Michels y luego con Kovacs, se ganó con creces el derecho a estar en el combinado de Países Bajos en el Mundial de 1974.

Es importante que comprendamos que, dentro de las características de juego de la *Oranje* de 1974, una de las más importantes nace de esa tendencia a achicar espacios, tratando de presionar constantemente para hacerse con el balón en zonas cercanas a la portería rival, consiguiendo crear, desde esas acciones defensivas, situaciones y oportunidades ofensivas. De ese primer escalón al último, gracias a la capacidad para sumarse en todas las fases posibles, se entiende que Arie Haan encaje plenamente en la idea de esta selección de fútbol.

Arie Haan era más que un arquitecto, un obrero convencido de la idea de Rinus Michels. Si bien en la selección neerlandesa su rol iba a ser algo distinto a lo que se le había visto a menudo en el Ajax, el jugador demostraba poder ser recurso ofensivo con calidad para poder construir, sin descuidar su aporte en otras zonas, incluso en la defensa. En Países Bajos, su función iba a residir de manera más habitual en ese último campo. Cuidando la salida de balón, asomándose al área rival o descolgándose en zonas intermedias para saltar a la presión si era preciso, Haan dotaba de recursos casi inagotables al equipo, siendo una pieza clave en casi cualquier rol. Es ahí donde reside el verdadero valor a la hora de evaluar el juego del neerlandés. Con su talento era capaz de liderar la carga hacia el balón en campo propio y rival, presionando hasta recuperar la bola u obligar al rival a perderla, pero también se mostraba capaz de sumarse con gran calidad y sencillez a la confección de la jugada e incluso a la finalización de la misma. Jugador físicamente trabajado en la línea de lo habitual en el fútbol neerlandés de la época, no trataba de guardarse nada durante los partidos, al servicio de las necesidades particulares de cada duelo.

Junto a Rijsbergen, era el enlace entre la defensa y el ataque, siendo a menudo la pieza inmediatamente posterior a la del central del Feyenoord, ofreciéndose a la hora de subir los primeros escalones en campo propio o enfocando con criterio la dirección de la jugada ofensiva tras el robo. Esa falta de protagonismo en favor de otros nombres en el seleccionado nacional hizo que esté más olvidado de lo que sería justo reconocer en la selección nacional. Esa Países Bajos, sin embargo, necesitaba el vértigo de Rep, Suurbier o Rensenbrink, pero también la finura, la salida de balón y la coherencia de hombres como Haan, socio lógico y esencial del talento de un Cruyff que iba y venía dirigiendo la obra.

Conformando ese primer paso en salida de balón, Haan era una pieza importante en ese circuito de movimientos casi indescifrable. Laterales subiendo metros y abriendo el campo, Van Hanegem esperando ver el pase en zonas intermedias y Rep y Rensenbrink profundizando para buscar los huecos. Y Cruyff, claro. Generalmente descolgado, casi buscando la manera de estar siempre

en ventaja para verlo y controlarlo todo, dando indicaciones, señalando y esperando la oportunidad. A menudo, podía pedir la bola a la misma altura de Haan, bajando muchos metros hasta la base de la jugada y crear, desde ahí, la que sería la estrategia para buscar el gol. Una pieza ineludible a la hora de entender el juego del equipo de Michels, como parte fundamental de su fútbol.

A pesar de todo lo dicho, la participación de Haan con el Ajax no fue instantánea. Su entrada en la maquinaria del club fue de menos a más a lo largo de toda su estancia, siendo suplente incluso en la final de la Copa de Europa ante el Panathinaikos. A pesar de eso, el jugador neerlandés llegó a ser una pieza importantísima a partir de la 71/72, donde consiguió explotar como el fantástico futbolista que era integrándose ya de lleno en el equipo de Ámsterdam. Su contribución ya fue notable en la última etapa de Michels, pero su mejor etapa llegó con Ștefan Kovács, siendo uno de los elementos clave para entender los éxitos del equipo durante la primera mitad de los años 70, así como de esa segunda etapa de un Ajax ya sin el General y más tarde, incluso, sin Johan Cruyff.

Su marcha en el verano de 1975 al Anderlecht (donde ya jugaba su compañero de selección Rob Rensenbrink) le supuso su época de más notoriedad a nivel individual, exponiendo su calidad lejos del entorno de un Ajax en decadencia y demostrando que su contribución podía sumar enteros en cualquier contexto futbolístico, formando parte de un Anderlecht sobresaliente. En esa etapa, conquistó dos títulos de la Recopa en 1976 y 1978. Ejerciendo un rol de falso 9 (muy al estilo Sebes), que dejó clara la capacidad del centrocampista para adaptarse a ideas y roles muy diversos. Tras ese primer paso por Bélgica, probó suerte con uno de sus rivales, el Standard de Lieja, que a principios de los 80 acabaría siendo uno de los grandes influenciados por la idea de juego de Rinus Michels.

Haan, rematando a gol ante el Haarlem en
1972 - Anefo

La selección neerlandesa en 1974 requería de esa fluidez. De esa agilidad mental para ver al compañero ocupar un espacio y saber, casi con fe ciega, que el compañero está ubicándose en otra para que puedas ejecutar la jugada. Ese continuo movimiento que llevaba al agobio a los rivales comenzaba, precisamente, en la fe por la idea y el convencimiento de crecer con ella. Y, obviamente, confiar en la pieza de al lado con precisión suiza. A ese rival se enfrentaba la Bulgaria de Mladenov en junio del 74 y el técnico optó por alinear en Dortmund a Staikov, Velichkov, Penev, Vasilev, Ivkov, Kolev, Bonev, Stoyanov, Voinov, Denev y Panov.

En un partido muy abierto, en el que el juego de Países Bajos se desarrolló sobre raíles, los neerlandeses lograron encontrar la eficacia ante la portería búlgara que no habían mostrado ante Suecia. Los de Mladenov fueron un equipo tocado casi todo el partido. Con un gol en contra al comienzo del partido y otro casi al borde del des-

canso (ambos obra de Neeskens), los búlgaros se fueron al intermedio muy heridos. La segunda parte amaneció a otro ritmo, pero, aunque las embestidas de los de Michels fueran más sosegadas y repelidas por Bulgaria, una falta desde el pico del área de Staikov dejaría un balón colgado que, tras un mal despeje de la defensa, quedaría franco para que Rep hiciera el tercer tanto para los neerlandeses. El 0 a 3 era duro y Bulgaria no encontraba las opciones para acortar distancias. Tuvo que ser Krol quien acercara a Bulgaria en el marcador, pero no en las sensaciones, a la sobresaliente Países Bajos. En una jugada por banda izquierda, en el que la carrera del extremo búlgaro logró poner un centro letal, Ruud Krol se cruzó para robarle a Hristo Bonev la oportunidad de marcar un gol a Jongbloed... haciéndolo él mismo. Para cerrar el partido, Theo de Jong, que había sustituido a Neeskens, completó el marcador final aprovechando un centro desde la izquierda para remachar de cabeza y colar la bola a la izquierda del meta búlgaro. 1 a 4 a favor de los de Michels. Demasiado para Bulgaria.

A pesar de la goleada, se puede decir que uno de los grandes nombres del partido en clave búlgara fue el de Stefan Staykov, portero del Levski Sofia y titular ese partido ante la *Oranje*. El meta evitó que la renta fuera mayor al final del partido. Un hecho que parece mostrar que la eficacia ante el gol, con la mayúscula capacidad de creación de oportunidades del equipo neerlandés, no era la mejor.

No hace falta decir que ese detalle parecía empezar a dejar ver algunas de las costuras que tenía el equipo neerlandés. Pero los goles maquillan las dudas y con el resultado ante los búlgaros, los de Rinus Michels conseguían el pase a la siguiente ronda, afianzando la idea y la fe de cara a una segunda fase que, con Alemania Oriental, Argentina y Brasil esperando, parecía anticipar que no sería nada fácil.

CAPÍTULO 7

PAÍSES BAJOS 4-0 ARGENTINA

Como sucediera en Róterdam, Gelsenkirchen fue una ciudad azotada por los bombardeos durante la Segunda Guerra Mundial. Las bombas aliadas buscaban debilitar uno de los importantes puntos estratégicos de la Alemania del Tercer Reich.

La minería de la zona del Ruhr suponía un recurso clave para la guerra y para las aspiraciones del expansionismo germano. En eso, Gelsenkirchen llevaba siendo potencia casi dos siglos. Ya en el siglo XII era un asentamiento importante, pero el carbón le dio un protagonismo inesperado a lo largo del XIX. Con los enormes cambios que propició la revolución industrial en Europa, Alemania bebía y comía de los recursos de esta zona central del país. Por todo ello y a lo largo de la guerra, Gelsenkirchen fue uno de los destinos más visitados por la aviación inglesa. Bombardear uno de los pilares económicos de la Alemania nazi era asestar un crochet ganador al bando de Hitler y a sus aspiraciones en la guerra.

Tras los duros años 40 y como hiciera toda Alemania, la ciudad minera volvió a reinventarse, aunque gran parte de su riqueza siguiera girando en torno al negro carbón de sus entrañas. Precisamente por la importancia de la materia prima en los suelos de esta zona, se conoce al equipo local como *Die Knappen*, "los Mineros".

Los inicios del Schalke 04 fueron en torno a libros y carbón. A comienzos del siglo XX, un grupo de estudiantes se juntaron para hacer deporte y eligieron el fútbol como motor para mantenerse activos. No parece casualidad que eligieran los colores de Peñarol, club uruguayo unido también al carbón del ferrocarril que lo acuñó en sus primeros pasos. Bajo el nombre de Turnverein, que en castellano sería algo como Club de Gimnasia, vivieron los primeros 20 años, antes de que, tras la Primera Guerra Mundial, comenzaran a integrar el equipo empleados de la minería y pasaran del amarillo y el negro al azul cobalto. También cambiaron su nombre, dejando atrás el apelativo de Turnverein 1977 para adquirir identidad con el actual Schalke 04. Dejando de lado que muchos rumores señalaban que el propio Adolf Hitler era fanático del equipo y volviendo a los años posteriores a los bombardeos de la Segunda Guerra Mundial, el club minero de la cuenca del Ruhr se preparaba para recuperar el nivel de juego en la reanudación de las competiciones nacionales tras la guerra.

Antes de hacerse con la Oberliga en 1951, brillaron con la camiseta azul cobalto dos figuras esenciales para entender el éxito del club en los años 30 y 40. Ernst Kuzorra y Fritz Szepan, ambos naturales de la ciudad de Gelsenkirchen, llegarían a ser figuras estelares del Schalke 04. Ambos fueron indispensables para alcanzar la victoria en seis campeonatos de Liga, así como hacerse con una Copa de Alemania para el Schalke 04. El año 1937 fue especial por el doblete logrado con la

Copa y la Liga, el primer doble campeón del fútbol germano. El propio Szepan fue seleccionado para los mundiales de 1934 y 1938, contando con la confianza del equipo para ejercer la capitanía. Pieza clave para los planes de Otto Nerz en el primero de esos mundiales, en Italia, consiguieron un notable tercer puesto por detrás de las finalistas Italia, que acabó ganando, y Checoslovaquia.

Kuzorra, minero de profesión, se quedó fuera finalmente por presiones externas, que desaconsejaron llevar a un trabajador de las minas como símbolo del poder alemán en el campeonato mundial de fútbol. También pesaría que el mundial se realizara en Italia, país aliado en la guerra que llegaría años después, por aquello de quedar bien ante los amigos. Con Kuzorra y Szepan, las cosas podrían haber sido distintas en un mundial en el que Italia se convirtió en la primera nación europea en alzarse con el título. La segunda en conseguirlo sería Alemania, dos décadas después, en 1954. Alemania tenía en 1974 el orgullo de volver a mostrarse al mundo. Una Alemania Federal encargada también de mostrarse fuerte, nueva, superior.

En ese Mundial de 1974, la siguiente fase del campeonato se jugaría en sistema de liguilla, con los mejores equipos de la fase anterior. Jugarían, en el grupo A, Alemania Oriental, Argentina, Brasil y Países Bajos, mientras que en el grupo B se darían cita la anfitriona, Alemania Federal, junto a Polonia, Suecia y Yugoslavia. Quedar primero en esa segunda fase significaba ser uno de los finalistas, mientras que el segundo puesto permitía acceder al partido para el tercer y cuarto puestos.

De esta manera, Gelsenkirchen sería una de las sedes en las que se jugarían los partidos del grupo A, donde

Países Bajos se encontraba y donde continuaría su camino en la historia del Mundial de 1974.

Sería en el *Parkstadion* donde se enfrentaría a Argentina. Se trataba de un duro competidor, que llegaba a esa segunda fase después de haber sido segunda clasificada del grupo 4, compartiéndolo con las selecciones de Polonia, Italia y Haití. Los polacos, dirigidos por Kazimierz Gorski, habían resultado líderes del grupo. Tras ganar todos sus partidos y conseguir la cifra de 12 tantos a favor, con los nombres propios de Lato, Deyna y Szarmach como destacados, Polonia era otra de las selecciones que parecía poder romper moldes en ese 1974. Pero de eso hablaremos más tarde.

Argentina había logrado clasificarse por detrás de esa brillante Polonia, colándose a Italia. Mantuvieron una dura pugna por llegar a la segunda fase en un frente a frente claro con la selección *azzurra*. Finalmente lo hicieron por diferencia de goles a favor, pues acabaron la ronda igualados a puntos con esa Italia setentera de Valcareggi. Un gol de más ante Haití (los italianos ganaron a los caribeños por 3 a 1 mientras que los argentinos lo hicieron por 4 a 1) y el aparentemente inocuo gol de Babington, ante la potente Polonia de Gorski, acabaron por dar la clasificación a Argentina. Los de Vladislao Cap habían logrado meterse en segunda fase en un grupo francamente difícil, dejando atrás a una Italia poblada de estrellas de la talla de Riva, Zoff, Rivera o Mazzola. Tras ese paso, llegaba el nuevo reto de seguir adelante en la segunda liguilla. Palabras mayores.

Argentina llegaba al Mundial de 1974, de nuevo, herida. Acabar como finalista a las primeras de cambio en 1930, ante su vecina Uruguay, quizá le hizo creer que esto de llegar a disputar títulos iba a ser más sencillo. Esa generación de los años 30 tenía un equipo portentoso, pero la palma, sin duda, se la llevaba Luis Monti.

El jugador ya había deslumbrado en los Juegos Olímpicos de 1928, pero ese año consiguió ser de los mejores jugadores del torneo y, como zaguero, marcó 2 goles en los cuatro partidos que disputó. Uno de ellos fue el primero de la selección argentina en la historia de los mundiales, para darle más épica a su paso por el combinado albiceleste. Sin embargo, Doble Ancho, como le llamaban por su tremenda envergadura, no lo tuvo fácil desde la final malograda ante Uruguay en 1930. Según los relatos del propio jugador, un grupo de asaltantes lo amenazó antes del duelo ante Uruguay, instándole a desaparecer ante la selección celeste si no quería que él y su familia pasaran a mejor vida. El miedo lo atenazó y, sobre el césped del estadio Centenario de Montevideo, Monti fue sorprendentemente mediocre, preso entre el miedo y la duda. Tras este suceso, en Argentina parecieron no perdonar el comportamiento de Monti. Su labor pareció olvidada y era recurrente que lo trataran de llorón. Esa situación lo terminó de empujar a marcharse de San Lorenzo de Almagro, tras lo cual comenzó a prestar servicio en la Juventus en 1931. El salto a Europa le propiciaría poder quitarse la espina de no ganar un mundial solo cuatro años más tarde. Eso sí, con diferente camiseta.

Las franjas albicelestes de la remera de Argentina dejaron paso a un azul más oscuro, sin franjas. Ese azul tan asociado a Italia y que en 1934 se enfundaría Monti. Tras el fichaje del jugador argentino por la *Vecchia Signora*, Pozzo supo que tenía la oportunidad al alcance de su mano. Con el Mundial de 1934 celebrado en Italia a la vista, Benito Mussolini vio una ocasión espléndida de mostrar su fuerza al mundo. *Il Duce* nacionalizó de una tacada a algunos de los mejores jugadores de la época. Orsi, Demaría, Guaita, Guarisi y, por supuesto, Monti, pasarían a ser, con todos los derechos, italianos. Todo para que Pozzo pudiera convocarlos para formar con Italia. Los conocidos como oriundos fueron responsa-

bles directos de una victoria casi escrita para la selección *azzurra* en ese segundo campeonato mundial de la historia.

El jugador argentino no vivió un mundial tranquilo en toda su carrera y las presiones fueron parte de su día a día como jugador en Argentina y en Italia. Mussolini sabía de la importancia de ganar en casa y puso todo su empeño en que se lograra. Luis Monti, que volvió a ser básico en un mundial, esta vez resultando ganador, llegó a afirmar, años después, lo siguiente: "En Uruguay, me querían matar si ganaba, y en Italia, si perdía". Se puede decir que Argentina perdió dos veces en 1930. La primera, ante Uruguay, y la segunda, con Monti, ante Italia. De esa manera, para Argentina, las derrotas habían hecho herida.

En ese Mundial del 34 no pasaron de cuartos de final y en 1966 lo hicieron hasta cuartos, donde la anfitriona los apearía del sueño con un gol de Geoff Hurst, tras jugar gran parte del partido con uno menos. Esa polémica expulsión de Antonio Rattin se convertiría en otra herida abierta. Europa parecía deber algo al fútbol argentino y es que, mucho antes de las Malvinas, las deudas parecían acumularse ya en este lado del océano Atlántico.

El elenco de 1974 era prometedor, pero el proyecto no estaba todo lo trabajado que se podía esperar de una selección que pudiera juzgarse como aspirante real a un mundial. El puesto de trabajo en la albiceleste le llegó a Cap tras la destitución de Omar Sívori, que había logrado la clasificación al torneo meses antes. Quizá por ello, se puede juzgar su paso por la selección como algo decepcionante, a juzgar por las piezas que tenía para competir en Alemania Federal.

Carnevali en la portería, un seguro que había saltado a Europa solo un año antes, para jugar en Las Palmas.

Otro de sus compañeros en defensa hizo el mismo viaje, pues Quique Wolff ese año firmaría por el conjunto canario previo a su paso al Real Madrid unos años después. En España jugó también Ramón Heredia, compañero habitual de Wolff en la zaga y que había llegado ya al Atlético de Madrid en el año 73, o Ratón Ayala, compañero de Heredia en el conjunto colchonero.

Junto a todos ellos, Roberto Perfumo, quien fue uno de los grandes referentes argentinos en defensa. En ese momento jugaba en el Cruzeiro brasileño, después de media vida en Racing Club de Avellaneda. En Brasil mostró su calidad ganando el torneo nacional de Minas Gerais en tres ocasiones. Solo un año después, sus pasos le llevarían de nuevo a Argentina, a Buenos Aires, para firmar con River Plate. Allí compartiría plantel con otro mito, Daniel Passarella, a las órdenes ambos del mítico exjugador de River Plate de los 40, Ángel Labruna.

En ataque, completaban la nómina europea Yazalde, máximo artillero europeo en el Sporting de Portugal, y Babington, delantero que jugaba en el Wattenscheid 09, un equipo alemán que jugaba apenas a diez kilómetros de la ciudad de Gelsenkirchen.

Destacable también René Houseman, apodado el Loco, uno de los más hábiles jugadores de la época. Famoso por sus regates y por su capacidad para volver aún más locos a los defensas que querían arrebatarle la bola, el jugador nacido en La Banda dejaba ver su fútbol cada semana en Huracán. Dirigido por César Luis Menotti, ese Huracán, donde luego jugaron Babington y Brindisi antes de su marcha a Europa, brilló en esa época y acabó por ganar la liga en 1973. A Houseman nadie lo convenció para dejar su Argentina en sus mejores años. Solo mucho tiempo después, en 1982, decidió probar suerte en Colo-Colo, para después ir a

África a probarse fuera de América en el AmaZulu, donde apenas jugó una docena de veces en el campeonato sudafricano. Su calidad no dejaba dudas y en muchos campos se solía escuchar eso de: "Chupe, chupe, chupe y vuelva a chupar, el Loco es lo más grande del fútbol nacional".

Junto al 11 jugó muchos minutos en Alemania otro jugador que sería recordado mucho más cuatro años después. Logró hacerse un nombre por su facilidad para el gol y gran calidad futbolística. Mario Alberto Kempes, el Matador, debutó con apenas 19 años en un mundial, jugando con la albiceleste de Vladislao Cap en 1974. A pesar de su juventud, participó en todos los partidos, siendo solo suplente precisamente ante la Países Bajos de Rinus Michels. Una decisión ya de por sí extraña.

La selección neerlandesa encaraba esa segunda fase con un pensamiento parecido al de la primera: hacer su fútbol, tratar de conceder pocos goles y rentabilizar todas las ocasiones posibles. En ese plan y contra una selección con los nombres que hemos repasado, parecía una difícil empresa. Objetivo en el que la defensa y, en última instancia, el portero, tendrían mucho que demostrar.

Jan Jongbloed, natural de Ámsterdam, era uno de los jugadores más veteranos de la convocatoria de la selección neerlandesa. Había nacido en la capital en 1940 y su carrera siempre estuvo ligada a esa ciudad. Comenzó su trayectoria en el DWS, con el que estaría ligado hasta 1977. A pesar de que su presencia en el equipo sí era destacable, su recorrido en la selección no lo era tanto. Apenas una presencia marginal en 1962, en un amistoso ante Dinamarca, tras sustituir en el minuto 85 al meta titular, Piet Lagarde. Lo cierto es que la presencia de Jan Jongbloed ni siquiera había existido en la fase clasificatoria, pues con Fadrhonc el titular indiscutible era otro Jan, este sí, con una trayectoria y una hoja de servicios mucho más exitosas.

Jan van Beveren, en 1968 - Anefo

Jan van Beveren no solo compartía nombre de pila con Jongbloed, puesto que también nació en Ámsterdam. Él, en cambio, se desplazó muy joven a Emmen, una ciudad al norte del país donde el joven portero daría sus primeros pasos como futbolista. Su habilidad como portero en el FC Emmen le hizo llamar la atención de grandes clubes. El Sparta de Rotterdam le incorporó y, tras cinco temporadas en el club, lo tuvo que soltar ante la oportunidad que le surgía al meta neerlandés en Eindhoven. Corría el año 1970 y a los 22 años, Van Beveren ya deslumbraba como un portero ágil, corpulento y con gran capacidad para dominar el juego desde el área. Era cuestión de tiempo que un grande como el PSV se fijara en sus habilidades.

De hecho, tres años antes, en 1967, Georg Kessler le había citado por vez primera para un amistoso con el equipo nacional ante la Unión Soviética. En ese duelo, la selección neerlandesa logró vencer por 3 goles a 1. La calidad de Van Beveren no fue suficiente para dejar la puerta a cero, pero sí para conseguir un puesto casi fijo en la Países Bajos de la época. Solo una lesión de hombro le alejó un par de veces de la titularidad. Pero en 1974, en vísperas del Mundial, todo iba a cambiar.

¿Cómo se puede llegar a ser tan vital para la selección neerlandesa sin haber tenido la confianza de hasta cuatro entrenadores hasta la llegada de Michels? Es una pregunta que, de manera recurrente, se hicieron muchos neerlandeses al ver a Jongbloed como seleccionado y como titular de la *Oranje*.

Pero lo cierto es que Jan van Beveren, además de gran talento, tenía un problema que complicó de manera clave su selección como portero dentro de la expedición neerlandesa: no aguantaba a Johan Cruyff. El odio, no obstante, era mutuo. Ambos jugadores no se toleraban y quedó más que claro en varias ocasiones. Una de las más importantes se daría tras una gira con la selección, en la que Cruyff, por mediación de Coster, había negociado una serie de primas con la Federación de Países Bajos, por las cuales percibiría más que sus compañeros. Ante esta situación, varios miembros de la *Oranje* protestaron airadamente. Uno de ellos, Jan van Beveren, llegó a afirmar que algunos iban a la selección solo por dinero, algo que le molestaba, pues debería ser un honor poder ser seleccionado. Más tarde, en 1977, la

Federación de Países Bajos y el entrenador, Jan Zwartkruis, tuvieron que decidir entre el formidable portero del PSV y el mítico 14, después de que el propio Cruyff pusiera a ambos en el brete de decidir entre ambos. O con él o conmigo, como ya hiciera con el propio Willy van der Kuijlen. Con total lógica, la decisión se decantaría por el delantero neerlandés. Ya no se volvería a ver a Van Beveren con la elástica nacional. Poco después, a Cruyff tampoco, después de renunciar incluso a jugar el Mundial de Argentina en 1978.

Pero antes de todo eso, en el año 1973, una grave lesión del portero propició que el debate por la meta neerlandesa surgiera de manera natural y prendiera la mecha que resultó ser definitiva para no ver al jugador con la *Oranje* en Alemania Federal. Tras lesionarse, Rinus Michels exigió a Van Beveren estar listo un mes antes de la partida de la plantilla al Mundial para poder contar con él, lo cual complicaba mucho las opciones del portero. Ante esta circunstancia, el tesón de Jan van Beveren hizo que se esforzara al máximo por estar a pleno rendimiento y poder ser parte del grupo en el Mundial de 1974.

A pesar de que logró cumplir con las condiciones expuestas por Michels, el meta neerlandés se cayó de la convocatoria. En su lugar iría Jan Jongbloed, un meta menor que había llegado a oídos de Michels gracias a Johan Cruyff y que parecía encajar en la idea de juego del entrenador y, en mayor medida, en la simpatía del capitán neerlandés. Una historia que pudo cambiar sin duda el sino de una selección.

Dejar al que está considerado como mejor portero de la historia de Países Bajos fuera de un mundial era llamativo, pero lo fue más el hecho de que se hiciera con la titularidad casi desde el primer día. En contra de la lógica, que parecía señalar a Piet Schrijvers como meta ti-

tular en el conjunto naranja, el elegido sería Jongbloed. Suplente de Van Beveren durante los últimos años y excelente meta del Twente, la afición parecía no entender que Schrijvers no fuera el elegido para Michels. La velocidad de Jongbloed, a pesar de su edad, sus reflejos y su capacidad para actuar casi como segundo libre en la línea defensiva, parecían razones suficientes para que Michels argumentara sus razones y se acabara decidiendo por él.

A pesar de todo, parece que la relación con Cruyff, cercana y duradera, había pesado más que el desempeño futbolístico para el entrenador y seleccionador de Países Bajos. Equilibrar las necesidades del equipo, así como el ego de una estrella como la que era el 14 no era sencillo, por lo que la decisión de incluir a Jongbloed pesó por encima de dejar ir a Jan van Beveren, que se hubiera ganado el puesto con facilidad. Ni siquiera el propio Stuy, portero que en ese momento era clave en el juego del Ajax y que encajaba en las necesidades de Michels para el juego del equipo, fue elegido para ir con Países Bajos. Y Schrijvers no tendría ni un minuto como portero en el campeonato.

*Jongbloed en un entrenamiento en 1974 -
Anefo*

Jongbloed paró durante todo el torneo. Y paró bien. Pero siempre dejó algunas dudas sobre qué hubiera sido esa selección con la calidad añadida de un portero de la categoría de Jan van Beveren. Jongbloed, sin embargo, acabó siendo el elegido y la portería de Países Bajos quedó asegurada en muchas ocasiones, cerrándola en varios partidos, logrando dejarla a 0. Uno de ellos, el que se jugaría ante Argentina en Gelsenkirchen. Países Bajos volvió a encontrarse muy cómoda ante una selección que no encontró su juego y se vio en inferioridad ante el ritmo y el talento de los neerlandeses. Cap, algo tímido en el once inicial, optó por jugar con Carnevali, Heredia, Perfumo, Sa, Squeo, Wolff, Telch, Ayala, Balbuena, Houseman y Yazalde, dejando a algunas de sus mejores bazas en el banquillo.

Desde el primer minuto Argentina iba a otra velocidad y solo hicieron falta diez minutos para que Van Hanegem, con la visión y la astucia características, conectara por encima de la defensa con un globo con Cruyff, que recibía en el área con velocidad, se deshacía de Carnevali con un recorte y marcaba el primer tanto de Países Bajos. El primero del partido. Pocos minutos después, Ruud Krol lograba el siguiente, remachando violentamente con la diestra un balón despejado tras un córner. Ya tras el descanso, con idéntica situación a la dada en la primera parte, Países Bajos dominaba y lograba que Rep pusiera el tercero, de cabeza, aprovechando un gran pase de Cruyff con la zurda tras una jugada en banda zurda. Argentina ya casi se iba dolorida a los vestuarios cuando, tras una jugada larguísima de los neerlandeses moviendo el cuero por todo el campo, Carnevali despejó un balón hacia la banda que cayó en los pies del más peligroso: Johan Cruyff. El marcador cambiaba de nuevo en el minuto 92 de partido y la *Oranje* se hacía con tres puntos y, sobre todo, comenzaba a asustar con su fútbol veloz, intimidante y, hasta el momento, sin fisuras evidentes.

Ofensivamente el partido fue perfecto, con doblete de Cruyff y con dos goles de Rep y Krol que cerrarían la goleada por 4 goles a 0. Ante Cap y su equipo, ni Kempes, con apenas unos minutos al final del encuentro, pudieron mostrar su calidad ante el elegido para la portería. El Matador no pudo cambiar el resultado que se les echaba encima. En ninguno de sus partidos en Alemania lograría ver puerta. Parecía reservarlos todos para la cita en Argentina, solo cuatro años más tarde de ese partido ante la *Oranje* de Michels y los suyos.

Parecía guardarse el talento para dar la campanada, precisamente ante Jongbloed, solo cuatro años después de esa cita en Gelsenkirchen, donde sería Argentina quien sonreiría mientras Países Bajos vería irse otro mundial bajo el cielo de Buenos Aires.

CAPÍTULO 8

ALEMANIA DEMOCRÁTICA 0-2 PAÍSES BAJOS

Disputar un mundial en Alemania Federal en 1974 parecía osado después de los terribles sucesos vividos en Múnich solo dos años antes. Septiembre Negro actuó en el que probablemente era y es el evento deportivo más importante del planeta: los Juegos Olímpicos. El ataque lo sufrió la edición de 1972, en Múnich. El grupo terrorista secuestró a once atletas de Israel en uno de los hoteles de la Villa Olímpica. Solicitaban la liberación de varios centenares de presos palestinos encerrados en cárceles de Israel, en medio de un conflicto aún muy activo en nuestros días. Tras una operación infructuosa por parte de las autoridades alemanas, los terroristas asesinaron a diez de los once deportistas retenidos. Israel no tardaría en contestar a tan dolorosos ataques, con las operaciones secretas conocidas como *Primavera de Juventud* y *Cólera de Dios*, pero la herida que se abrió no afectó solo a palestinos e israelíes. Esta sería muy profunda también en toda la sociedad de Alemania Federal.

Dentro de las peticiones de los secuestradores se incluía la excarcelación de dos figuras relevantes dentro del día a día de las tensiones existentes entre Alemania Oriental y Occidental: Ulrike Meinhof y Andreas Baader, fundadores de la banda conocida como Fracción del Ejército Rojo o Baader-Meinhof. Este grupo terrorista buscaba destruir el sistema capitalista a través de actos terroristas en suelo occidental. Veían a Estados Unidos como a un titiritero que manejaba los hilos de sus vecinos del oeste y atentaban en suelo federal para lanzar sus proclamas revolucionarias. En sus casi tres décadas de actividad, se llevaron la vida de más de treinta personas, así como numerosos daños materiales.

Finalmente, Meinhof y Baader murieron en la prisión de Stammheim, Stuttgart, en 1976 y 1977 respectivamente. Es difícil separar los hechos sociales, políticos y culturales de todo lo que sucede en algo tan social, político y cultural como es el fútbol. De hecho, más que difícil, es un tremendo error.

En este contexto, hablar de la Alemania que encaraba el Mundial del 1974 es hablar de una Alemania muy dividida. En lo territorial, pero también en lo social, en lo político, en lo cultural... Llena de tensiones y preocupada por el futuro, pero también con ganas de mostrar al mundo todas sus capacidades.

La una y la otra tenían sus motivos para querer ser grandes en 1974. Unos querían que ganara la Oriental, otros que ganara la Occidental, pero todos miraban ese segundo mundial de la década de los 70 como una oportunidad para abrirse al resto del mundo. Un mundial en el que el azar y el destino quiso juntar a ambas en un mismo grupo para ponérselo más jugoso a quienes, separados por un muro, deseaban ver sus deseos cumplidos en forma de partido de fútbol. El marcador sería juez y parte en las aspiraciones de unos y otros, no solo a nivel deportivo. La victoria y la derrota de la una o de la otra en ese mundial iban a ser celebradas por igual por unos o por otros.

Alemania Federal organizaba un mundial 20 años después de haber ganado el primer título de su historia. En 1954, ante la Hungría de Sebes, el conjunto entrenado por Sepp Herberger logró dar la vuelta a un partido que, antes del pitido inicial, parecía decantarse, de manera evidente, del lado magiar. Con un rotundo 2 a 3, la parte occidental alemana celebraba uno de sus primeros motivos de alegría tras el desastre de la guerra protagonizada apenas diez años antes.

Una alegría que no compartieron los hermanos de Alemania Oriental. A pesar de que empezó a organizarse mucho antes, la selección de Alemania Democrática no jugó su primer encuentro hasta 1952, donde venció con solidez al seleccionado de Polonia en un amistoso jugado en Varsovia. Tras esos primeros pasos, la selección del este fue ganando peso, pero no participó en el Mundial de 1954 en el que los occidentales lograron su primer gran triunfo.

Su primera alegría llegaría en esa edición maldita de los Juegos Olímpicos del 72 de la que he comenzado hablando. El equipo de fútbol de la DDR logró, no solo la medalla de bronce en fútbol, tras ganar a la URSS en el partido del tercer y cuarto puesto, sino el placer de haber ganado a los anfitriones en el duelo directo de la segunda fase del torneo. Un partido que se resolvió por 3 a 2 a favor del equipo de la DDR. Además, en el global deportivo, quedaron por encima de Alemania Federal en el medallero general. Muchos de los jugadores clave en ese bronce de 1972 estarían preparados para intentar asaltar el primer mundial que podría jugar la selección de Alemania Democrática después de haberse perdido los anteriores en 1954, 1966 y 1970.

Al mando de la DDR estaba Georg Buschner. Exjugador de Gera y Jena, en la DDR-Oberliga, con los que llegó a aparecer en cerca de 150 partidos oficiales como defensa, el exinternacional de la DDR se comprometió en 1970 a intentar llevar a la selección de Alemania Oriental a un mundial de fútbol.

El cometido de dirigir a la selección en 1974 era un grandísimo honor para un exjugador internacional comprometido con su país. Se dice, incluso, que fue un orgulloso informante de la Stasi, que sirvió durante largos años al partido y que era, por ello, tremendamente valorado en el seno de la Alemania Democrática. El objetivo de llegar al mundial era, para el gobierno del país, una excelente manera de mostrar poder y fuerza, así como para crear un instrumento de propaganda inigualable. La cita de 1974 les daba la opción de utilizar los éxitos deportivos como argumentos ideológicos.

Y es que, en esos días y aún hoy, el escaparate de la Copa del Mundo es brutal. Se estima que la última final del Mundial (la que precede a este libro es la de Rusia en 2018) fue seguida por 1 300 000 000 de personas en todo el mundo, estimando que cerca de 3 200 000 000 sintonizaron en algún momento el evento, aunque no lo siguieran durante los 90 minutos. Casi la mitad de la población mundial pendiente de un partido de fútbol. Parece imposible relativizar o dudar del poder que tiene el deporte, y en particular el fútbol, en la sociedad y en la cultura del mundo y, en el de 1974, con los frentes de Alemania abiertos, este evento podía convertirse para todas las partes en un elemento más para mostrar poder.

Precisamente iba a ser en Hamburgo, una ciudad también partida en dos futbolísticamente (con una rivalidad sangrante entre el Hamburgo, uno de los gigantes de la Bundesliga, y el FC St. Pauli, tan conocido por su identidad antifascista y social), donde esa división germana iba a tener un capítulo definitivo en manos de un símbolo que se acabaría convirtiendo en un desertor. El nombre más recordado y el momento más importante de la historia del fútbol de la DDR no destacaría contra Países Bajos, pero es fundamental entender su trascendencia ganada antes del duelo que le enfrentaría a los neerlandeses.

Jürgen Sparwasser nació en el verano de 1948 en la ciudad de Halberstadt, en la región de Sajonia-Anhalt. Jugó toda su carrera en el Magdeburg, un club de la cercana ciudad de Magdeburgo, con el que lograría varias ligas de la DDR en los años previos a la celebración del Mundial de 1974. Ese mismo año, logró alzar la Recopa de Europa ante el poderoso Milan de Trapattoni. En la final, con el 10 a la espalda, Sparwasser iba a ser de la partida bajo la batuta del técnico Heinz Krügel. El partido no le depararía la suerte del gol. Quizá lo estaba reservando para un momento aún más histórico para la carrera del delantero.

En la última jornada de la primera fase del Mundial de 1974, el grupo A definiría el orden de los clasificados a la segunda fase con un partido que enfrentaba a la República Federal y a la República Democrática de Alemania. El 22 de junio de 1974, en Hamburgo y con 26 años recién cumplidos, Sparwasser sería el delantero titular de la DDR de Buschner, curiosamente con el 14 (tan de Cruyff) a la espalda.

El partido se desarrolló según el guion esperado. La selección anfitriona era quien llevaba la iniciativa y, con más calidad, dominaba las ocasiones y el esférico. Solo Croy, meta de la DDR, evitó que el contador de Alemania Oriental se mantuviera a 0. Bien entrada la segunda mitad, ese mismo portero ponía un balón a la derecha para el volante, Erich Hamann, buscando la contra. Tras

avanzar por banda diestra sin apenas oposición, levantó la mirada, encontró la mano alzada del compañero y mandó el balón hacia Sparwasser. El 14, con camiseta azul, se zafó brillantemente de Vogts y dejó a Schwarzenbeck en el suelo con un buen recorte. Su posterior remate, con trayectoria oriental hacia el oeste, según declaró él mismo, batía a Sepp Maier y ponía el 1 a 0 en un marcador que ya no se movería. El gol del delantero de Halberstadt había firmado la victoria más importante de la historia de la DDR.

La importancia cultural de ese gol trascendía lo futbolístico y lo deportivo. Era un elemento propagandístico que se usaría mucho tiempo después de que el árbitro pitara el final del encuentro entre las dos Alemanias en medio de la Guerra Fría.

Curiosamente, poco antes de la caída del muro en 1989, Sparwasser huyó al otro lado para reunirse con su mujer en Alemania Occidental. Allí, ambos rehicieron su vida después de las muchas presiones sufridas por el partido. Su camiseta en aquel partido, con el dorsal 14, acabó en un museo de Bonn, expuesta para quien quisiera recordar ese gol eterno que marcaría las vidas de tanta gente. Él mismo afirmaba que la trascendencia de su actuación ante los vecinos de la Alemania Occidental le había deparado ser eterno. "Si en mi tumba escribieran solo 'Hamburgo, 1974' nadie dudaría sobre quién yace debajo". Ese peso se lo dio un gol que traspasaría décadas y que provocaría incluso ciertas suspicacias.

Muchos, incluidos algunos de los jugadores de la selección de Alemania Federal, alimentaron el hecho de que, supuestamente, el equipo de Helmut Schön no había puesto demasiado empeño en ganar a los vecinos para evitar aparecer en el durísimo grupo de Brasil, que asustaba en su condición de vigente campeona, así como con Países Bajos, con quien se acabarían enfrentando Sparwasser y compañía. El delantero siempre negó creer en esos rumores y recordó que, de no ser por la actuación del guardameta Croy, el resultado fácilmente podría haber acabado siendo otro.

Solo cuatro días después de la celebración del gol de Sparwasser, Alemania Oriental se enfrentaba a Brasil, en un duelo en el que Rivelino, una de las estrellas indiscutibles de Brasil, ponía el gol de la victoria para los de Mário Zagallo. La suerte no apareció esta vez ante la campeona del 70 en el *Niedersachsenstadion* de Hannover y nada parecía indicar que el siguiente peldaño de la segunda fase fuera a ser más fácil.

Países Bajos derrotaba a Argentina ese mismo 26 de junio en Gelsenkirchen, para mirar a los ojos a su próximo rival. El juego de los de Michels iba siendo cada vez más conocido según pasaban las jornadas, pero las armas para combatirlo no eran tan fáciles de encontrar en apenas unos días. El partido ante los de Vladislao Cap ponía a Buschner sobre aviso, pero su equipo venía cansado tras las celebraciones de la gesta en Hamburgo y el reciente partido jugado contra la dura selección de Brasil.

Con casi 10 000 aficionados más en las gradas del *Parkstadion* de Gelsenkirchen, al tratarse de dos equipos europeos tan cercanos a la sede, Alemania Oriental debería hacer frente a la ya conocida como "Naranja Mecánica". Ese estadio, construido esencialmente para la Copa del Mundo de 1974, se había estrenado solo un año antes, para un partido de exhibición entre un equipo germano y otro neerlandés. Schalke 04 y Feyenoord se midieron en esa ocasión para dar el pistoletazo de salida a un campo que viviría, desde aquel día, numerosos duelos importantes, entre los que estaría este otro gran choque entre alemanes y neerlandeses. Incluso volve-

ría a ver de nuevo el naranja de la *Oranje*, también bajo los mandos de Rinus, en un Irlanda vs. Países Bajos, en la Eurocopa de 1988 en la que la brillante generación de, entre otros, Van Basten, Gullit o Rijkaard, conseguirían el título para el país neerlandés.

En esta ocasión, en el último día de julio de 1974, Michels confiaba una vez más en su once de gala para medirse ante la Alemania Oriental de Buschner. De nuevo, Jongbloed en la portería, con Rijsbergen, Krol y Suurbier en defensa, Haan, Jansen, Neeskens y Van Hanegem en el medio y con un ataque formado por Cruyff en punta y Rensenbrink y Rep en las bandas. Ese dibujo, casi podríamos decir que un 1-3-4-3, sería, como era costumbre, casi inservible durante el partido, tras moverse rápidamente las posiciones tras el pitido del árbitro de la contienda.

La referencia para situar a los jugadores en el campo era francamente difusa. El movimiento era una de las señas de identidad de un equipo que viraba a toda velocidad a por el balón tras la pérdida y que intercambiaba posiciones con regularidad para aparecer con rapidez en los espacios inesperados en los que el rival era vulnerable. Esa precisión, ese desgaste, hacía que la espalda del equipo neerlandés necesitara piezas serenas en ese mar de talento y caos en el que se sumía el equipo en labores de ataque.

Esencialmente cabe destacar el despliegue de dos figuras que, a pesar de pasar desapercibidas a menudo, eran esenciales para la brillantez mostrada por la *Oranje*. El trabajo de Rijsbergen y Jansen asentaba la máquina de manera que carburara con efectividad durante los 90 minutos. Su contribución dotaba de orden, apaciguaba las aguas, cuidaba los errores, las imprecisiones. Estaba en guardia. Y convertía las necesidades físicas, el trabajo sucio, en asuntos resueltos efectivamente. Si bien es cierto que la capacidad de ambos para sumarse al ataque era limitada, su peso como piezas fundamentales en el plan de Michels las hacía imprescindibles. Casi irremplazables.

El sacrificio defensivo de todo el equipo en virtud de ese Fútbol Total que ansiaba Rinus no era suficiente para mantener una estructura estable, que permitiera corregir los errores que se pudieran cometer y que, en efecto, a menudo se cometían.

Wim Jansen, en 1974 - Anefo

Tanto el defensa como el mediocampista actuaban para Michels como Luca Brasi lo hacía para Vito Corleone en *El Padrino*. Como hombres fieles, como peones que sabían su lugar en el mundo y que se debían, so-

bre todo, a sus labores y objetivos encomendados por el jefe. A lo que el míster pudiera necesitar de ellos. A veces no era agradable. A veces no era lustroso. Pero era su trabajo. Y se les daba de miedo.

Una de las grandes mentiras de la Países Bajos de Michels es creer que la exquisitez estaba exenta del desempeño más vehemente en cuestiones más terrenales. El carácter ganador de los Neeskens, Suurbier, Krol o el propio Cruyff los llevaba a ser, en ocasiones, despiadados sobre el terreno de juego. Cada balón era una guerra. Y cada situación en desventaja un reto. Esa etiqueta era necesaria entendiendo las escuelas en las que el General había posado su mirada para intentar ser siempre competitivo, pero a menudo se olvida ese punto cuando se habla de su importancia a nivel futbolístico.

Esa mordiente alcanzaba cotas máximas cuando hablamos de los dos Wim, Jansen y Rijsbergen. Estos dos jugadores eran los máximos exponentes de ese trabajo oscuro de dos piezas tan olvidadas como fundamentales para entender la composición de uno de las selecciones nacionales más importantes de la historia del fútbol.

Wim Jansen nació en Róterdam en 1946, siendo esta la ciudad donde comenzó a dar sus primeros pasos futbolísticos y siendo el Feyenoord el principal club de su vida. Su importancia hizo a Rinus olvidarse un poco de las rencillas entre Feyenoord y Ajax y, sobre todo, poner a prueba de nuevo la paciencia de un Cruyff al que le costaba hacer buenas migas con algunos de sus compañeros. Sin embargo, el propio Johan sabía de lo útil que era tener a Jansen cerca. En sus memorias, no duda en valorar de manera clara la contribución del centrocampista, al que echa flores por su trabajo, astucia y preparación.

Jansen era un centrocampista formidable, duro, de muchísimo recorrido. Un todocampista que sabía leer con precisión dónde se le necesitaba en todo momento. A pesar de su escasa altura, pues apenas llegaba al 1,70, Wim Jansen era una pieza que funcionaba como un reloj vigilando con atención dónde debía de presionar tras los movimientos de los compañeros y, sobre todo, cubriendo aquellos espacios y posiciones que pudieran dejar libres sus colegas.

Siempre atento, siempre en guardia, su trabajo no residía en ser una pieza esencial en el despliegue del fútbol neerlandés, sino más bien en ser el guardián de la espalda de sus compañeros. Un soldado capaz y siempre dispuesto a la presión y una figura que se adaptaba de manera sobrehumana a las funciones necesarias para cada puesto, llegando a cubrir en un mismo partido prácticamente cualquier rol en el terreno de juego. Esa polivalencia era oro para Michels y como tal valoraba al centrocampista de Róterdam.

El desempeño de sus labores le llevó a jugar con la selección 65 partidos y más de 250 con la elástica del Feyenoord, con el que jugó hasta 1980, temporada en la que probó suerte por primera vez en Estados Unidos. Allí, volvería a coincidir con Johan Cruyff en los Washington Diplomats, donde jugaría dos años, aprovechando los parones en Países Bajos, donde volvería a jugar, esta vez en el Ajax, el gran rival del equipo de su ciudad. Como *ajacied* jugaría cerca de 50 partidos.

Con van Hanegem a su lado, Rijsbergen
protestando al colegiado en un partido con el
Feyenoord - Anefo

Por su parte, aunque comenzó su carrera en el PEC Zwolle, Wim Rijsbergen sería compañero de Jansen en Róterdam hasta 1978. Su presencia en la defensa se garantizaba desde la más absoluta de las certezas de que, con él, era más difícil que un delantero lo tuviera hecho de cara a portería, pero su esfuerzo sería titánico para cumplir con la exigencia de Michels.

El jugador del Feyenoord era uno de los fijos en el equipo, que esa 73/74, junto a Jansen o Van Hanegem, logró alzar un doblete. Además de la Eredivisie, el equipo de Wiel Coerver logró también el título de la Copa de la UEFA tras derrotar al Tottenham Hotspur a doble partido. En la vuelta de ese duelo, ganado por 2 a 0 en Róterdam, Rijsbergen marcaría el primero.

Junto a Rinus Israël, también presente en la selección, el Feyenoord era un equipo difícil de encarar. La parte más creativa, incluso lejos del área propia, solía recaer en un Israël que se ajustaba más, quizá, a las necesidades de Michels. El rol que buscaba el entrenador precisaba de aptitudes de marcaje y destructivas, pero con la capacidad de encontrar el siguiente escalón en salida de balón, cuestiones que parecían estar reservadas para un central con el que el entrenador neerlandés apenas contó. Por contra, Rinus confiaba en Rijsbergen.

Lo curioso de su elección es que Rijsbergen jugó mucho como lateral diestro en Zwolle y Róterdam y que Michels buscaba un central con capacidad para cubrir un puesto básico para su plan. Sabiendo esto, es más fácil valorar lo importante de la polivalencia y del encaje de los jugadores en la cabeza de Rinus. La idea estaba clara y los roles y los porqués, también. En ese sentido, a Rijsbergen no le quedaba otra que adaptarse al puesto y hacerlo suyo. Su contribución iba a ser excelente y sería difícil decir algo negativo del que fue baluarte defensivo del equipo neerlandés. Con un físico grandioso, con inteligencia para saber dónde aparecer, resolviendo las situaciones complejas con antelación y tratando de no complicarse en salida de balón, función muy compartida con Arie Haan, el jugador del Feyenoord le servía al General como ancla en una idea de juego que exigía, sobre todo, sacrificio. Con Jansen y con Rijsbergen en sus sacrificados roles saldría Países Bajos al *Parkstadion*, con la idea de mostrar toda su calidad ante la selección de Buschner, que entró al césped con Cruy, Kurbjuweit, Bransch, Weise, Kische, Schnuphase, Pommerenke, Lauck, Sparwasser, Loewe y Hoffmann.

El primer zarpazo vendría cuando se llevaban solo ocho minutos jugados de partido. En una jugada desde el córner, Rensenbrink pudo convertir un cabezazo de mucho peligro, el cual logró sacar Pommerenke en la misma línea de gol. Ese rechace lo aprovechó Cruyff, que serviría para que el balón llegara a Neeskens, quien, saltando y rematando de primeras en un gesto

acrobático, acabaría por batir a Croy. Era el primer gol, a los pocos minutos del partido. A pesar de ese primer tanto, la selección neerlandesa se encontró con una DDR muy rocosa. Su propuesta se basaba únicamente en intentar frenar el juego de la selección de Países Bajos acumulando efectivos en defensa, tratando de impedir acercamientos con peligro y juntando mucho las líneas. Un arduo trabajo defensivo que complicaría el protagonismo de hombres como Sparwasser, que apenas tendrían opciones en ataque. En el minuto 59, una jugada de Krol, avanzando aparentemente sin peligro, consigue poner un balón que llegó a los pies de Jansen con facilidad y que aprovechó rápidamente Neeskens en ventaja desde la banda izquierda, controlando con maestría el esférico para servírselo a Rensenbrink, que ya se incorporaba desde segunda línea y que ponía el 0 a 2 definitivo en el marcador del estadio de Gelsenkirchen. Dos goles bien merecidos y sobre todo trabajados, ante la férrea defensa propuesta por los hombres de Buschner.

Esa tarde de junio de 1974, solo ocho días después del día más importante de la historia de la selección de Alemania Oriental ante su vecina occidental, sus jugadores caerían ante una Países Bajos que les obligaba a despedirse de sus aspiraciones. Con esta derrota, la DDR se condenaba, mientras que la *Oranje* miraba ya a los ojos del rival más exigente. Esperaba el combinado nacional de Brasil. La vigente campeona. Quizá el escalón definitivo para demostrar estar preparados o no para hacerse eternos en un mundial después de tantos años.

CAPÍTULO 9

PAÍSES BAJOS 2-0 BRASIL

La definición literal de grupo de la muerte parecía encajar bastante en el conjunto de equipos que iban a darse cita en el Grupo A de la segunda fase del Mundial de 1974. Junto a las selecciones de Argentina y Alemania Oriental, ambas bien armadas y con poder para complicarle la vida a cualquiera, se encontraban la vigente campeona, Brasil, y la revelación del torneo de ese año, Países Bajos.

Todos miraban ya a la selección neerlandesa como una de las grandes noticias del campeonato. El público neerlandés aprovechó en cada cita la cercanía con los estadios asignados para los partidos de la *Oranje* y tuvo la oportunidad de ver en acción la gran obra de Rinus Michels, la magia de Cruyff y la entrega de un equipo memorable en su camino para la historia. La comitiva de Países Bajos se concentró en Hiltrup, un pequeño municipio al sur de la ciudad de Münster, en la zona oeste de Alemania. Era habitual ver a pequeños y grandes grupos, ataviados con la bandera roja, blanca y azul del país o con el naranja de la casa real neerlandesa,

merodear cerca del hotel donde estaba el equipo alojado.

Ese naranja, tan típico en los Países Bajos en la celebración del *Koningsdag*, inundó, en este Mundial de 1974, las calles y las gradas de Alemania para celebrar las gestas de un equipo que mostraría toda su habilidad para seguir avanzando y dando motivos a sus compatriotas para celebrar orgullosos la gesta de su equipo nacional. La frescura mostrada, su juego apabullante, sus figuras, su técnica, su velocidad... Todo parecía sonreír a ese equipo que parecía ir a por todas desde el primer minuto de competición.

La mano de Rinus Michels, la compenetración total de los jugadores con la idea y la especial confianza de estos hacia la misma, mostraban un tándem que hasta ese momento no había encontrado un rival que lo hiciera recular. Solo Suecia arañó un empate a 0, por falta de rodaje más que por falta de ocasiones o de oportunidades. Pero aún todo estaba en el aire. El objetivo no iba a ser sencillo y faltaban partidos por jugar.

Ese grupo A lo completaba la selección más temida. La Brasil campeona del mundo hacía solo cuatro años. El Mundial de México en 1970, excelentemente relatado por Sergio Vilariño en un libro editado en 2020, se había convertido en un símbolo absoluto de la élite en el fútbol de selecciones. Un campeonato tomado como un momento trascendental en la historia del fútbol, tiene como reina a la selección que se convirtió en vencedora. La imagen de los brasileños, encargados de regalar un juego de un nivel exquisito y barrer con autoridad a cada rival, parecía asustar a cualquiera. Quien comienza a mirar fútbol histórico siempre pregunta acerca de qué ver, con qué asomarse a esa inmensidad del fútbol vintage. Y a veces surgen mil respuestas, casi todas excelentes. Muchas de esas, a menudo, responden hacia esa Brasil de 1970.

Por nombre, parecía que la selección *verde-amarela* podía seguir siendo favorita a todo solo con la idea de juego que se le intuía. Con el recuerdo, con el respeto, a veces, se puede optar a ganar. Pero la mayoría de las veces necesitas algo más. Y esa Brasil de 1974 ya no tenía a Pelé. Pocos elementos individuales parecían más emblemáticos que la figura del 10 de Pelé. Además, muchas de las piezas básicas de la Brasil de 1970 habían dejado atrás sus mejores años como futbolistas. Y el ritmo que en otra época parecía dejar atrás a los rivales, parecía mostrarse lento poco tiempo después.

En su primera fase, en el Grupo 2, Brasil pasó como segunda. Solo ganó uno de sus tres duelos, mostrando que algo había cambiado. Ante Yugoslavia, en la primera jornada y después contra Escocia, los de Zagallo no lograron encontrar la vía del éxito. Brasil poseía una plantilla de calidad, a pesar de las bajas, aunque con solo dos jugadores en el fulgurante y evolucionado fútbol europeo de la época. Esos escalones que parecían estar subiendo las distintas competiciones y el fútbol que se practicaba en el Viejo Continente apenas lo exportaron unos pocos. Marinho Peres, que ese año militaba en el FC Barcelona, y Caju, que lo hacía en el Olympique Lyonnais, en Francia. Los mejores jugaban en los grandes clubes brasileños: Rivelino en Corinthians, Jairzinho en Botafogo o Luís Pereira en Palmeiras (previo paso al Atlético de Madrid). Eran otros tiempos. Las estrellas no buscaban con tanta frecuencia la posibilidad de brillar en Europa, hasta entonces no tan dominante. No hacía falta. En Brasil, en particular, eran ídolos, estaban felices y, además, jugaban en el país de la selección más importante a nivel mundial. Su fútbol había logrado alzar en tres ocasiones el trofeo de campeón mundial.

En 1958 y 1962, los equipos de Feola y Moreira lograron hacerse con dos mundiales consecutivos, algo solo logrado por Pozzo en Italia, en las ediciones de 1934 y 1938. Un hito que les ponía a la altura de uruguayos e italianos en número de títulos. Con la única pausa de 1966, donde cayeron en el campeonato inglés en primera fase tras perder contra Hungría y Portugal. Brasil se haría gigante de verdad en el Mundial de 1970, tras dejar algunos de los mejores minutos de la historia del fútbol. Jugadas eternas y recuerdos imborrables que la acabaron de aupar a lo más alto del podio del fútbol internacional.

En esa segunda fase, a la que accedió tras conseguir vencer a la débil selección de Zaire, Brasil ganó sus dos primeros partidos. Y en ambos duelos, ante la Alemania Oriental de Georg Buschner y ante la Argentina de Vladislao Cap, fue vital la zurda de Rivelino. El heredero de la 10 de Brasil parecía anticipar que la *seleção* no tenía nada que temer a nadie si su pie estaba fino.

Apodado Bigode por su famoso mostacho, Roberto Rivelino nació en São Paulo el primer día del año 1946. Solo cuatro años después, Brasil sufrió la debacle de Maracaná, cuando Rivelino empezaba a dar patadas a un balón. Curiosamente lo empezó haciendo con uno de fútbol sala. Su clase y su técnica le hacían ser una referencia en espacios reducidos, mostrando una gran habilidad en el regate. A pesar de esa soltura a la hora de jugar, no se debía uno confiar de su juego en largas distancias, con un disparo al alcance de muy pocos y una solvencia notable en las jugadas a balón parado. Su carrera le llevó a jugar en Corinthians como profesional, dejando más de 200 partidos con el *Timão*. Tras un breve paso por Flamengo, probó suerte en Arabia Saudí, apurando sus últimos años de fútbol en el Al-Hilal. En 1970, la selección brasileña brilló con su fútbol al lado de un Pelé ya maduro, con un toque de balón aún exquisito y con una dirección de campo y liderazgo realmente esenciales. Tras formar y ganar a su lado, la zurda de Rivelino fue la elegida para liderar la generación posterior del fútbol brasileño tras la abdicación de *O Rei*.

En su carrera inspiró con su zurda a jugadores tan importantes como Diego Armando Maradona, quien dijo de él que fue uno de sus grandes ídolos, a los que miraba con curiosidad para tratar de copiar sus jugadas. Su golpeo de balón y su regate elástico pasarían a la historia del fútbol y serían imitados por multitud de futbolistas de todo el mundo.

Una de las grandes historias de ese Mundial de 1974 se dio en el partido contra Zaire, envolviendo con ella al 10 brasileño y al defensa zaireño Mwepu Ilunga. El defensor hizo todo lo posible para interrumpir y despistar al 10 brasileño antes de un lanzamiento de falta al borde del área, después de que Mobutu, dictador del país africano, amenazara a los futbolistas tras su mal comienzo en el torneo y advirtiéndoles que, si perdían por más de tres goles contra Brasil, no volverían con sus familias. Los brasileños necesitaban al menos una diferencia de tres goles para poder estar en la siguiente ronda del Mundial tras los dos tropiezos ante Escocia y Yugoslavia. Roberto Rivelino ya había marcado el segundo gol de la *seleção* en el minuto 66 de ese partido (después de que abriera el marcador el también genial Jairzinho) y tenía todo de cara para el doblete con una falta al borde del área del portero Muamba.

Poco antes de lanzar, Mwepu Ilunga salió de la barrera y despejó de manera sorprendente el esférico, consiguiendo despistar a Rivelino y retrasar un nuevo gol de Brasil. El defensa fue vilipendiado por la opinión pública hasta que, muchos años después, pudo contar que fue el miedo lo que le empujó a esa acción y frenar, de la manera que fuera, la goleada de Brasil. El conjunto de Zagallo solo pudo añadir un gol más a la cuenta, obra de Valdomiro, por lo que Mobutu no tuvo la oportunidad de cumplir con su amenaza. Brasil estaba en la siguiente fase y el equipo de Zaire podría volver a casa.

Cuando les tocó encarar a la Países Bajos de Cruyff en el último partido del Grupo A en la segunda fase, Rivelino llevaba ya tres dianas en el Mundial de 1974. Siempre se entendió ese partido como una semifinal, cuando en realidad fue solo uno más en la segunda liguilla del torneo. La trascendencia de ganar o perder para Brasil y Países Bajos, que se lo jugaban todo a una carta, hizo que el tinte del partido fuera más especial. Al frente de Brasil surgía la selección que estaba siendo la revelación del torneo. Y, en sus filas, otro zurdo importantísimo: Willem Van Hanegem.

Van hanegem, izquierda, Willy van de Kerkhoff
y van der Kuiljen, en un entrenamiento de la
Oranje - Anefo

Casi en la frontera sur de Países Bajos, lindando con Bélgica, se levanta la pequeña ciudad de Breskens. Este municipio costero, muy próximo a la desembocadura del río Escalda en el mar del Norte, vio nacer en 1944 a uno de los grandes talentos de la historia del fútbol neerlandés. Aunque pasó antes por el extinto Velox (ahora Utrecht), el grueso de su carrera futbolística se dio en el Feyenoord de Róterdam. Durante la década de los 60, fue uno de los grandes dominadores del fútbol neerlandés, consiguiendo desde 1960 hasta 1974 seis de los campeonatos de Eredivisie disputados de un total de 14 posibles, siendo el gran rival de los Ajax de Michels, Kovacs, Knovel y Haarms, quienes dirigieron en esos años al conjunto de Ámsterdam.

Hay que sumarles a esos logros poder alzar la Copa KNVB en dos ocasiones, además de una Copa de Europa (fue el primer equipo neerlandés en conseguirlo), una Copa Intercontinental (ante ese Estudiantes de La Plata de Osvaldo Zubeldía) y una Copa de la UEFA contra el Tottenham inglés, pocas semanas antes de comenzar el Mundial de 1974.

En esas victorias, esenciales para entender el peso del equipo de Róterdam en la historia del fútbol neerlandés, se pueden llegar a observar los cimientos de la fuerte relación con los rivales del norte. Saltaban chispas entre Feyenoord y Ajax, dos equipos que a pesar de no compartir lazos geográficos, sí compartían un deseo de superarse el uno al otro desde los comienzos del fútbol profesional en Países Bajos. Esa crispación pasó incluso a los jugadores que formaban en cada equipo, haciendo que el éxito de unos fuera mirado con lupa por los otros.

Las crispaciones llegaron a una selección que tuvo que negar el sitio a jugadores que, sin duda, hubieran sido claves en el 74, como lo fue el citado Van Beveren, pero también Willy van der Kuijlen, máximo anotador histórico del PSV, sin ser delantero centro. Todo, por no

crear un mal ambiente en un vestuario que sabía que Cruyff era la pieza más cuidada, más pagada y más valorada. Su carácter anuló en muchos momentos la presencia de grandes jugadores y limitó la participación de otros muchos, como Israël, con quien tenía una guerra abierta sin demasiado disimulo. Pero con Wim van Hanegem, a pesar de ser parte de las trifulcas, existía una relación de simbiosis que parecía hacer necesario un cambio. La zurda del centrocampista del Feyenoord se mostraba clave en los planes de esa Países Bajos de Michels y, sobre todo, era muy valorada por el 14. Su calidad no era discutida.

En ese escenario, la federación neerlandesa trató de calmar la afrenta que pudiera surgir con las desigualdades dando más peso salarial a algunos miembros del equipo que sabían que podían pedir más igualdad con Cruyff y, de hecho, lo hacían.

La zurda de Van Hanegem fue pagada a consecuencia de esta maniobra con cifras cercanas a las percibidas por Cruyff en el Mundial de 1974, facilitando que su calidad no se perdiera y pudiera ser parte de la selección. Michels lo quería, Cruyff lo necesitaba y la selección de los Países Bajos era francamente mejor con él en el campo.

*Cruyff y van Hanegem, en un entrenamiento
en 1974 - Anefo*

Su fútbol era colosal. La capacidad para superar rivales a pesar de su lentitud era sorprendente y su velocidad mental superaba con mucho la que podían mostrar sus compañeros y rivales. Su aspecto tosco no anticipaba de manera alguna la finura y rotundidad de su calidad con el balón, siendo un centrocampista enormemente preciso. Las jugadas a balón parado eran su feudo, y su habilidad para convertirlas en situaciones ventajosas tenía una efectividad realmente alta. Uno de los jugadores que, por derecho propio, han sido más queridos y valorados en la historia del fútbol en Países Bajos.

Triunfador en el Feyenoord a nivel nacional e internacional, con una breve estancia de dos años en el AZ, fue tentado como tantos otros por el auge del recién nacido *soccer* estadounidense, firmando en 1979 por los Chicago Sting.

El choque entre esas dos zurdas de calidad se dio el 3 de julio de 1974, en el estadio de Westfalia. Países Bajos volvía a la sede en la que jugó sus partidos ante Suecia y Bulgaria. Un terreno conocido, con público mayoritariamente neerlandés, que podría suponer un plus añadido a la calidad de los neerlandeses.

Con Zagallo a los mandos desde la banda, Brasil se presentaba al partido con Leão en portería, Mario Peres, Marinho, Luis Pereira y Zé Maria en defensa, Dirceu, Rivelino, Carpegiani y Paulo César como centrocampistas y las figuras de Jairzinho y Valdomiro como atacantes. En Países Bajos, el once repetido y de gala que había mostrado siempre Rinus Michels. Ambos equipos querían estar en la final y no se lo iban a poner fácil a los contrarios. Según relato del propio Cruyff, Países Bajos iba con cierto miedo y respeto a enfrentar al gigante sudamericano, en un choque que sin duda dejó ver algunos de los mejores minutos del torneo.

El partido fue bronco, con fases de tanteo y con otras en las que ambos parecieron querer inclinar la balanza, a veces desde la velocidad, otras desde el choque. Con dos conjuntos con gran capacidad técnica y ofensiva, solo los goles empezaron a romper el equilibrio una vez que la selección neerlandesa comenzó a perder miedo.

Tras una primera mitad de tanteo, en la que Paulo César había tenido la ocasión más clara del encuentro, llegaba una de las claves del partido. Apenas comenzada la segunda mitad, se produce una jugada a priori intrascendente en la que Jairzinho comete falta sobre Rijsbergen en campo neerlandés. La falta, sin esperar a que los jugadores brasileños se replieguen, es botada de manera magistral por la excelsa zurda de Van Hanegem, que encuentra a un Neeskens adelantado, casi en labores de delantero centro, que en seguida abre en banda para Cruyff, que ya enfila la banda diestra para intentar profundizar hasta el área contraria. Encimado por Marinho, Cruyff pone un centro raso que consigue llegar, esquivando piernas brasileñas, hasta un Neeskens que, sabiendo de su oportunidad, había atacado el espacio con violencia, sorprendiendo a todos. La ejecución, casi cayéndose, logra un efecto espectacular que el meta brasileño no sabe interpretar. Era el 1 a 0.

Ese primer tanto rompía de alguna manera ese equilibrio latente entre dos selecciones que se habían estado mostrando los dientes. Brasil necesitaba goles y Países Bajos necesitaba espacios. El miedo se había marchado. Las contras de Brasil empezaron a sucederse en mayor medida, encontrándose con la crudeza de la defensa de los neerlandeses o con las manos de Jongbloed, especialmente acertado. Ese nuevo plan de los de Zagallo permitía a Países Bajos ir un paso adelante, con más espacios y con menos complejos. Solo 15 minutos más tarde, un balón largo de Rijsbergen a la banda, buscando a Krol, abriría una pared entre el lateral y Rensenbrink, que desembocaría en una jugada relámpago del lateral zurdo por banda que acabaría en un centro que encontraría la diestra de Cruyff rematando de manera acrobática prácticamente solo delante de Leão. 2 a 0. El marcador ya no se movería más.

Dos goles bastaron para certificar que Países Bajos, tras eliminar a la vigente campeona del mundo, sería finalista del Mundial de 1974. Pero esos dos goles de Países Bajos rubricaron algo más.

Para Brasil, ese resultado de 2 a 0 ante Países Bajos marcaba un punto y seguido que necesitaría para reflexionar, como para tantas otras. Una oportunidad para deconstruirse e intentar volver a ser competitiva a través de la adaptación. Un resultado que marcaba un final para Brasil que necesitaría reflexionar, como tantos otros equipos y selecciones. Un nuevo comienzo

para Sudamérica, que desde ese momento comenzaría a trabajar en nuevas ideas, nuevas realidades, nuevos conceptos.

Un resultado de 2 a 0 de Países Bajos ante la vigente campeona. Ante un público entregado. Una marea *Oranje* que, desde que empezó el torneo, estuvo apoyando a una selección nacional que parecía querer poner su granito de arena a la hora de desordenar todos los dogmas existentes. Revolver la historia que el fútbol y sus protagonistas habían escrito desde los primeros días de este deporte en unas pocas semanas de Mundial. Países Bajos respiraba. Michels también. La plantilla, como es lógico, descansó de la tensión creada antes del duelo ante la vigente campeona. Quizá demasiado.

CAPÍTULO 10

LA FINAL

Siempre me deja sorprendido el fútbol. Se trata de un deporte que consigue pararlo absolutamente todo. Incluso hay guerras que han sido paralizadas para vivir juntos, como nación, este sentimiento y este deporte que es el fútbol, como demostraron Didier Drogba y Costa de Marfil en el año 2006. Es una muestra más de que un mundial es algo que trasciende prácticamente todo. Los hechos hablan por sí solos. Y, obviamente, la final del mundial es ese momento elegido, esperado, importante, que representa el mejor ejemplo de todo esto.

A través del fútbol se han manifestado cuestiones *a priori* totalmente ajenas a este deporte. Y digo *a priori* porque no considero que, tras un análisis sosegado y pormenorizado se pueda considerar, como dicen, que un deporte es solo un deporte. Solo. Se dice como si eso fuera poco. El deporte es algo que nos ha acompañado en casi todas las etapas de la civilización. Primero como juegos, pero después siendo parte fundamental de la vida social de quienes han transitado el planeta Tierra. Y el fútbol, en particular, nos acompaña desde hace más de 100 años. Y a ese viejo amigo no se le

puede separar de nada, lo ha visto todo. Ni de los hechos, ni de la vida, ni del ser humano. Y en la vida y en el ser humano, en los hechos que los han relacionado, hay cuestiones que trascienden que el balón ruede en una cancha. Si entra o no la pelota, si el jugador fue hábil o torpe a la hora de controlar o de si la suerte sonrió o no al guardameta, son solo partes de un deporte que, por supuesto, mira el resultado y el hoy, pero que debe tener muy clara la influencia de lo que somos como seres humanos. De en lo que nos convertimos y evolucionamos junto a él.

El fútbol se compone de todos los ingredientes esperados de algo que lleva construyéndose en nuestra sociedad desde principios del siglo XIX. No es solo un deporte, así como la *Biblia* o el *Corán* no son solo libros. Galeano dijo que el fútbol era "la única religión sin ateos". Yo siento disentir, querido Eduardo. Me da que quienes pretenden separar todo lo que no es fútbol del fútbol son ateos de lo que hace precisamente de este deporte algo insustituible, inefable, desde una perspectiva global.

A los curiosos nos gusta olisquear allá donde vamos. Ya sean lugares, cosas o deportes. Parecemos sabuesos. Ya sea un cuadro que nos encontramos en un libro, una plaza que vemos en una película o un partido de fútbol que nos encontramos, de pasada, en la televisión. A veces tenemos más suerte y otras menos, pero a la hora de encontrar, lo que prima siempre es el viaje hasta que lo hagamos (o no). Y las conexiones están ahí, delante de nuestras narices, esperando a que entendamos que las redes son gigantes. Si lo pensamos, todos los clubes tienen historias relacionadas con partidos políticos, artistas, historias de superación, problemas durante tal o cual época, gestas memorables, ideologías, ruinas... Lo cierto es que el fútbol está tan vivo como los equipos que lo forman. Como los humanos que lo vemos, que lo vivimos. Está tan vivo como los colores de las camisetas que visten, así como las banderas que ondean cuando se pita el inicio del encuentro. A veces me gusta, con la ayuda de esas aplicaciones de resultados, fijarme en el número de partidos que se están jugando a la vez un domingo cualquiera. Es fácil encontrar cifras altísimas, con miles de partidos que vibran a la vez en cualquier región del planeta. Incontables gargantas apoyando a los suyos, incontables colores y banderas, historias, ídolos, memorias… ese milagro es el fútbol. Un sentimiento compartido en el que millones de ojos miran en la misma dirección. Querer romper con todo lo que no sea fútbol es, diría, injusto.

Sin ese peso contextual, el fútbol pierde un punto fundamental para que se nos encoja el corazón en una jugada o estemos impacientes por el gol que abra la lata. La chispa. Esa que, en definitiva, nos empuja de niños a imaginar el himno de la Champions League cuando jugábamos con amigos o a intentar copiar el regate que hacía nuestro ídolo. Tirar las faltas como tal o cual, disparar como este o el otro o celebrar los goles imitando a aquel. El fútbol se convierte en parte de la vida de quien lo siente como se convierte el contexto, la historia, la política o la geografía en parte fundamental del fútbol a lo largo de los años.

De esa manera, entender la trascendencia de un choque como el que se iba a dar entre alemanes y neerlandeses en 1974 exige situarse en un contexto histórico particular que tiene un peso fundamental en lo que sucedería en julio de ese año, pero también en lo que iba a ser la historia de estos dos equipos nacionales (y muchos de los clubes de ambas nacionalidades) a partir de ese momento. Y en realidad la historia de muchas de las cuestiones que se iban a poner en juego ese día había comenzado en 1940, año en el que las tropas alemanas entraron en Países Bajos.

Las rencillas creadas durante el conflicto de la Segunda Guerra Mundial abrieron heridas que trascendieron todos los aspectos de la vida de los neerlandeses y de los alemanes, pero los habitantes del país neerlandés vieron cómo una nación imponía su fuerza y se presentaba en las calles de sus ciudades y a las puertas de sus casas para llenar de odio sus vidas. Esas heridas abiertas tardarían en cerrar, incluso entre los que antes eran vecinos, en teoría ajenos a las proclamas políticas fascistas que estaban surgiendo en Europa. El colaboracionismo, más alto de lo que el pueblo neerlandés querría reconocer jamás, dio paso a un rencor que se empezaría a dejar de lado gracias a la unión provocada por el fútbol nacional neerlandés.

Si bien las caídas de la selección neerlandesa en competiciones internacionales no habían conseguido ser un aliado firme de la concordia de un país en cierta manera dividido, la participación en 1974 lo logró con un conglomerado asombroso de algunos de los mejores jugadores de Ajax y Feyenoord, dos equipos que habían visto las generaciones más gloriosas y ganadoras de su historia transitar a la vez en Países Bajos y en Europa. Esa esperanza de poder replicar el éxito a nivel nacional daba aliento a un país aún dolorido. El naranja pobló las calles y las victorias mundialistas en Alemania Federal empezaron a construir un objetivo común en los ciudadanos de Países Bajos.

Si bien algunas de las cuestiones de la guerra seguían alimentando ese dolor, Michels y la *Oranje* lograban ser una argamasa fiable para entender que el fútbol, una vez más, podía ser algo más que césped y piernas en torno a un balón de fútbol. En ese sentido, pocas horas antes del trascendental partido de Países Bajos ante Alemania Federal, algunas de las conversaciones en ambos países no eran precisamente de fútbol.

En Hiltrup la vida era aburrida. Tras el partido ante Brasil el equipo creía haber pasado lo peor del torneo. El clima de semifinal adquirido por el duelo ante los de Zagallo significó un nuevo estado mental para unos jugadores a los que su propio estilo de juego exigía una conexión total con lo que sucedía en el campo. Una de las cuestiones de las que hemos hablado, la fuerza empleada en cada partido, que rozaba en muchos casos la dureza extrema, había hecho mella en los últimos dos duelos. Ante la RDA el desgaste fue atroz, con jugadores francamente doloridos tras un encuentro duro, trabado y que, incluso, alimentó la pluma de un periodista neerlandés no demasiado contento con la imagen dura del combinado de Michels. A pesar de la poesía, la dureza era elemental. Darlo todo en el campo era algo asumido y los jugadores sabían de la importancia de los partidos en juego. Ninguno se libraba. El de Brasil no había sido una excepción.

A pesar de que el propio Cruyff poco tiempo después hablaría de la dureza de los sudamericanos, lo cierto es que la selección neerlandesa no escatimaba en gastos a la hora de repartir regalos en el césped. Su capacidad para disputar cada balón era directamente proporcional a su dureza y fe en que ese camino era el propicio para ser campeones. Una de las enseñanzas de Zubeldía que Michels había acogido y que había trasladado con claridad a sus jugadores. En ese sentido, sus chicos creían a ciegas en sus métodos. Países Bajos le debía mucho al entrenador neerlandés. Habían pasado de ser un grupo brillante dubitativo a convertirse en una potencia mundial, con el trofeo a solo un paso. La tensión y la necesidad de relajar los músculos y las cabezas quizá fue lo que empujó a los jugadores a esparcirse más de lo recomendado en esos días aburridos en el Waldhotel Krautkrämer.

Lo cierto es que el alcohol y el tabaco eran acompañantes habituales de los jugadores en su estancia en Alemania. Con sus familias lejos, incluso incapaces de contactar por vía telefónica, los jugadores fueron desconectando de su vida cotidiana para ir entrando en la mentalidad de estrellas de rock. En muchos lugares se les llegó a llamar "los Beatles de los años setenta". Pero la debacle reventaría con fuerza la burbuja creada en el hotel de concentración neerlandés. Días antes de la final, el diario alemán *Bild* sacaba un reportaje sobre las fiestas de Cruyff y compañía en el Waldhotel. Y titulaba: "Cruyff, sekt, nackte mädchen und ein kühles bad!" ("Cruyff, champán, chicas desnudas y un buen baño fresco"). Según esta información, Cruyff y otros integrantes de la selección de Países Bajos disfrutaron el primer día de julio de una fiesta privada en el hotel donde se alojaban, con mujeres desnudas, alcohol y cierto desenfreno alrededor de la piscina. La noticia de la supuesta fiesta y de las "orgías" organizadas por la *Oranje* corrió como pólvora.

El revuelo en seguida movilizó al personal de la selección y a los propios trabajadores del hotel en la búsqueda de los culpables de tal información. Por su parte, la KNVB se ocupó de "limpiar" la imagen de los suyos negando la mayor ante la prensa nacional y preservando la intimidad de los suyos, tachando de falsedades todas las informaciones vertidas por el periódico alemán, que según ellos buscaban desestabilizar a la selección. La realidad era que un periodista *freelance* hospedado en el hotel se encargó de recopilar información y venderla al mejor postor en los días previos a la gran final. Y parece que algo de cierto hubo en esas informaciones, según los hermanos de Kerkhof, que tiempo después reconocieron que las fiestas existían y que la relatada por *Bild* fue muy real. "La noticia de que había unas chicas semidesnudas en la piscina corrió como la pólvora.

Al final, éramos unos 15 o 16 jugadores en la piscina. Durante dos horas lo pasamos fenomenal".

Más allá de las intenciones reales de los medios germanos y del propio periodista, la realidad es que el incidente tocó de cerca a varios de los jugadores, sobre todo al propio Johan Cruyff, que se pasó varias noches tratando de calmar a Danny Coster, su mujer, al otro lado del teléfono en Barcelona. El propio Rinus Michels, tiempo después, reconoció muchos de estos episodios con las esposas de sus jugadores, afirmando que "había cuatro o cinco matrimonios a punto de romperse". Ausente por disputar la final de la Copa del Rey ante el Real Madrid en España, su mano dura igual hubiera evitado que esa noche del 1 de julio Países Bajos hubiera pasado ciertos límites a pocos días de jugar el partido de sus vidas. Esas tensiones, el escaso descanso tras la noticia y la excesiva relajación tras el victorioso duelo ante Brasil supusieron el caldo de cultivo perfecto para que Países Bajos no llegara en su mejor momento al gran día en Múnich. El día del desenlace del Mundial de 1974.

Poco antes de las cuatro de la tarde, en Múnich, el ambiente era de gran evento. Uno de los importantes. Y muchas de las personalidades que no querían perdérselo llegaban pronto al *Olympiastadion* de Múnich. Se trataba de un coloso construido recientemente para las Olimpiadas de 1972 y que servía como escenario perfecto para poner la guinda al Mundial de 1974. Entre los asistentes, se pudieron ver a la actriz Elizabeth Taylor, al recientemente elegido presidente de la RFA, Walter Scheel, al Consejero de Seguridad Nacional de los EEUU, Henry Kissinger o los príncipes Rainiero y Grace de Mónaco.

Se trataba de un evento de categoría mundial que iba a marcar uno de los grandes momentos de 1974 y en el que las grandes personalidades de la época, algunos sin afinidad clara por uno o por el otro, no podían perderse. En Múnich había buena temperatura, sin llegar a los 20°, y un cielo encapotado que había retrasado el inicio por las precipitaciones. No obstante, con el césped húmedo, el frescor de la temperatura de un día apacible y la ausencia de un sol que podría fatigar de más a los jugadores, hacían de esa tarde algo perfecto para la práctica del fútbol entre dos selecciones del norte de Europa.

Como ya se ha ido viendo, Países Bajos se presentaba a la final con la vitola de equipo revelación. Un aspirante al título con cara de campeón y con un estilo que estaba marcando época y acogiendo a múltiples enamorados del fútbol desplegado por la *Oranje*. Muchos de los aficionados neutrales apoyaban a los de Cruyff y Michels por lo entretenido de su juego. Esa velocidad, la calidad de sus jugadores o lo novedoso de sus movimientos causaban furor incluso entre algunos de sus rivales. Muchos de sus antiguos enemigos en las fases anteriores no dejaban de declarar en medios deportivos que la vencedora iba a ser Países Bajos por su juego, por sus jugadores y, sobre todo, por lo innovadora que era su propuesta. La "Naranja Mecánica", como la llamaban ya, era un fenómeno más allá de la competición.

Se había convertido en un entretenimiento absoluto que todos querían disfrutar y todos en el mundo miraban ya esa final de la Copa del Mundo que iba a darse en el césped del *Olympiastadion*. La ciudad de Múnich se había puesto guapa, sabiendo que se iba a convertir en el centro de todas las miradas, en el escenario donde las dos finalistas iban a poner punto y final al gran evento de ese año.

El show inicial dejó paso a la alegría por ver que los dos equipos ya formaban, con ramos de flores a sus pies, escuchando el siempre imponente sonido de los himnos nacionales. Rinus Michels mostró su once de gala, el habitual, con Jongbloed, Krol, Rijsbergen, Haan, Suurbier, Neeskens, Jansen, Van Hanegem, Rensenbrink, Rep y Cruyff. Por su parte, su rival en el banquillo, Helmut Schön, alineó a Meier, Breitner, Beckenbauer, Vogts, Schwarzenbeck, Bonhof, Overath, Hoeness, Hölzenbein, Grabowski y Müller.

Dirigiría la contienda Jack Taylor, un experimentado árbitro inglés nacido en el condado de Shropshire, en la frontera occidental con Gales. Si bien todo en la final de un mundial parecía estar medido, Taylor reparó en que los banderines de córner no estaban colocados. Durante el show inicial se habían quitado y ahora los cuatro banderines parecían tener el poder de parar un evento que estaban viendo casi 80 000 personas en el estadio y millones desde sus casas. Parecía que al veterano árbitro se le había empezado a poner la cita cuesta arriba con la amenaza de lluvias y con ese olvido en las esquinas, pero la solución llegó rápidamente y el partido se retrasó solo unos minutos.

El destino, no obstante, iba a deparar al colegiado otro protagonismo inesperado. El partido comenzó como todo el mundo podía esperar, con mucho que ofrecer por parte de la aspirante. 16 pases después de que Cruyff entregara el balón a Van Hanegem en el saque inicial, el propio 14 encaraba desde prácticamente línea divisoria de los dos campos a Schwarzenbeck para que, tras una fugaz carrera, acabara siendo derribado por Berti Vogts en el área de Maier. Penalti en Múnich. Era la primera vez en toda la historia de los mundiales que se pitaba un penalti en una final. Jack Taylor no dudó y no se equivocó. Vogts sabía que no podía pararlo legalmente, así que lo zancadilleó en su llegada al área de peligro. Johan Cruyff había bajado a apoyar la salida de balón de Rijsbergen y Suurbier tal y como hacía muy

habitualmente, pero su participación iba a ir más allá. Y tanto que más allá. Neeskens ya situaba el balón a once metros de la línea de gol. Era el ejecutor habitual. Durante todo el mundial, las penas máximas eran de su propiedad. Frente al centrocampista, Sepp Maier, un portero portentoso, del siempre temible Bayern Múnich. El meta jugaba en casa, pero los nervios de la final y la jugada del penal parecían irle en contra. Y Neeskens era un especialista. A media altura, el balón cruzó la línea y tocó con firmeza la red. La selección *Oranje* mostraba los dientes. Alemania Federal recibía el primer gol de los neerlandeses. El público alemán callaba, el de Países Bajos y el neutral enloquecía. El cronómetro de Taylor marcaba apenas dos minutos de juego. Dos minutos en los que Alemania no tocó el balón, como no consiguió hacerlo Maier. Dos minutos. Quedaban, como mínimo, otros 88.

El propio Cruyff, en relatos posteriores al partido, afirmó que ese primer gol les hizo más daño a ellos que a los alemanes. El conjunto germano no pudo con el ritmo que adquirió el capitán de Países Bajos en esa jugada aislada y cometió un error que supuso el primer tanto, pero la jugada no estaba dejando ver la realidad de lo que suponía el choque entre estas dos selecciones. Apenas se había visto un pulso real entre ambos y los neerlandeses ya se estaban sintiendo ganadores. En el pensamiento de los jugadores, probablemente, ya se veían levantando el trofeo, celebrando, siendo mitos. Y prácticamente no había comenzado el partido.

El responsable de ese gol, Neeskens, seguro que pudo sentir en su piel el nerviosismo de poner el balón en la cal. En ese proceso de segundos que parecen horas, el jugador neerlandés viviría en un proceso continuo en el que mirar el balón, mirar a Maier y esperar el pitido del árbitro para finalizar eran una eternidad. En ese proceso vivía habitualmente ese especialista de los once metros que durante el mundial sabía que ese era su feudo y cometido. Eran muchas las situaciones que Países Bajos podía crear en el área susceptibles de ser señaladas como penal. El estilo de la selección hacía muchas veces complicado a los defensas rivales robar el balón, por lo que la zancadilla o la patada directa eran algo común. Neeskens vivía con la responsabilidad de convertir oportunidad en éxito.

Johan Neeskens nació en Heemstede, un pequeño pueblo holandés cercano a la ciudad de Haarlem. Sus primeros pasos como futbolista los dio precisamente en el equipo de la localidad, jugando como defensa y destacando por su capacidad para aparecer en todas las zonas del campo. Su mayor virtud era poder adaptarse a la necesidad del equipo gracias a su espléndido físico y su capacidad para interpretar los puntos flacos del equipo. Grandiosamente polivalente, el joven Neeskens intentaba cumplir con el rol solicitado por su entrenador, fuera el que fuera.

Quizá ese detalle fue el que impresionó a Rinus Michels cuando lo descubrió en 1970, jugando aún para el RHC Heemstede. Enseguida quiso incorporarlo a la cantera del Ajax y poco después fue convocándolo con el primer equipo. Jugador con un físico portentoso, conseguía demostrar una habilidad innata para cumplir los designios del entrenador que, en manos de Michels, se vio obligado a potenciar, destacando en las posiciones más extrañas y llegando a formar habitualmente como lateral diestro, extremo, interior o incluso como delantero centro. Jugador clave para que el juego del Ajax lograra sacar todo su potencial, pronto se asentaría como centrocampista, donde su juego parecía encajar a la perfección con las necesidades de Michels y, sobre todo, de Cruyff, que buscaba continuamente el intercambio posicional, los apoyos constantes y, ante todo, la posibilidad de sorprender en el área contraria con jugadores llegados desde segunda línea. Pieza básica en los éxitos del Ajax campeón de Europa, no iba a tardar en ser convocado por la selección neerlandesa, debutando al poco de su llegada a la disciplina *ajacied* y alargando su estancia más de diez temporadas con la *Oranje*. Su habilidad para crear un entorno plácido para la figura de Cruyff en el campo, así como para ser una de las armas más letales de cara al gol del equipo neerlandés, hicieron de Neeskens una auténtica figura clave para el Mundial de 1974 y para los planes de Rinus Michels.

El gol de Neeskeens ante Maier en 1974 -
Anefo

Tras el pitido de Taylor, y mostrando su capacidad para hacer honor a su habilidad desde los once metros, Neeskens había acertado a engañar al gigantesco alemán y había puesto el 1 a 0 en el marcador. Pero aún quedaba mucho partido y enfrente tenían a una selección temible, que había hecho de su camino un aprendizaje casi perfecto para encarar el duro reto de la *Oranje* de Michels.

La selección que Schön había reunido para Alemania Federal era espectacular. Sepp Maier estaba considerado como uno de los mejores porteros del mundo y, con el tiempo, uno de los mejores de la historia. Había llegado a Múnich a muy temprana edad, club del que no se iría nunca. A pesar de que en ese primer tanto no pudo llegar al balón, sorprendía su agilidad (era apodado el Gato por su fuerza y su valentía para atacar la bola). Completo y regular, dejaría el fútbol en 1979, después de 13 años sirviendo profesionalmente en club y selección. En la defensa, a pesar de que los nombres de Vogts, figura clave en el Borussia Mönchengladbach, o de Breitner y Schwarzenbeck, grandes piezas del Bayern Múnich, hicieran de esa línea un fuerte colectivo, destacaba sobre todos Franz Beckenbauer. El jugador muniqués jugaba en su ciudad, donde servía también con su club, en un momento en el que el equipo germano además parecía despegar bajo sus órdenes. Su desempeño como líbero, dirigiendo el juego y sabiendo cómo ir a por su rival, hizo de este futbolista una leyenda. Completísimo, técnicamente muy refinado, fuerte físicamente y con un afán de lucha que puso muchos ingredientes para la imagen actual del fútbol alemán, el Káiser era un auténtico lujo para los ojos de los aficionados. En construcción, además, tenía socios de mucho nivel, como Rainer Bonhof, un talentoso centrocampista nacido en Países Bajos y que deslumbró en el Mönchengladbach y que pasó un par de temporadas en España, en las filas del Valencia de Marcel Domingo y de Alfredo di Stéfano. Wolfgang Overath, uno de los más veteranos del conjunto alemán, solía juntarse con Hoeness, uno de los más jóvenes, para formar mediocampo. Netzer o Wimmer, a la espera, no fueron de la partida, pero eran capaces de mostrar una calidad inmensa. En los costados, Grabowski y Hölzenbein, dos auténticos demonios del regate y de la velocidad, que trataban de llevar siempre las contras a campo contrario con celeridad, sorprendiendo y sirviendo para una de las figuras esenciales de este equipo alemán: Gerd Müller. En el banquillo esperaba su oportunidad Jupp Heynckes, talentoso delantero del Mönchengladbach, pero la titularidad la tenía el número 13 de la selección y ariete del Bayern Múnich. Su capacidad para finalizar era portentosa y así mostró al mundo que lo de Torpedo le venía que ni pintado. Uno de los grandes goleadores de siempre, con una inteligencia en el área y fuera de él digna del fútbol vanguardista de la época.

A medida que pasaban los partidos Alemania se fue haciendo más fuerte, además. Y, a la vez, evaluaba con más atención al que se había destapado como auténtico aspirante al título. Y tenía un objetivo muy claro. Después de las tragedias que rodearon los Juegos Olímpicos de 1972, el Mundial de 1974 era un torneo necesario para elevar el orgullo germano tras todo lo que el país había invertido. Las piezas de Helmut Schön no eran malos mimbres para poder mirar con descaro a un marcador en contra y creer en la remontada, en la victoria. Y más ante su gente.

En los siguientes minutos Países Bajos iba a empezar a bajar las marchas. Iban a ir confiando poco a poco en su juego, en su habilidad, en su superioridad rítmica a la hora de controlar el partido. Y Alemania, segundo a segundo, iba creciendo más en protagonismo.

Breitner, marcando el penal ante Jongbloed -
Anefo

Franz Beckenbauer empezó a ser el metrónomo del equipo, sabiendo cómo y con quién conectar para generar peligro. En una de esas, el propio Káiser conectó con Hölzenbein en banda izquierda, quien se atrevió a encarar hacia el área para buscar posición de tiro ante Jongbloed. Jansen cortó su progresión y provocó el segundo penalti de la tarde. Y el segundo de la historia de los mundiales en una final. Taylor volvió a tenerlo muy claro.

Jansen protestaba aún en el suelo y Hölzenbein, boca arriba, sabía que podía haber contribuido a que su selección tomara aire. Era el minuto 24 de partido. Aún no llevaban ni media hora de encuentro y ya había habido dos penales. Sería Breitner el lanzador de este. Con diestra, frente a Jongbloed, la ajustó el hábil defensa alemán pegada al palo derecho del meta neerlandés. Alemania igualaba la partida.

Si bien es cierto que Países Bajos no le perdió la cara al partido, Alemania cometía pocos errores y conseguía entorpecer el juego neerlandés con presiones altas y un marcaje indiscutible a la estrella del equipo naranja. Ambos equipos encontraron con su juego vías para mover el marcador, pero las más claras, más allá del claro control del esférico por parte de los de Michels, fueron para Alemania Federal. Al borde del descanso, un balón de Grabowski por banda, que llegó a los pies de Bonhof, se convirtió en un ataque lateral terriblemente rápido que desconcertó a los neerlandeses. El centrocampista pudo jugarla con Müller con un centro potente casi desde línea de fondo y el ariete alemán, inteligente y habilidoso como pocos, engañó con su control a Haan y remató con un latigazo que pasó a pocos centímetros del pie derecho del meta neerlandés. Países Bajos estaba en shock. Jamás en todo el torneo se vieron por debajo del marcador. Pocos minutos después, Taylor pitó el final y mandó a todos a los vestuarios, no sin antes aguantar las protestas de Van Hanegem y Cruyff, que finalmente fue amonestado por su vehemencia.

En el *Olympiastadion* de Múnich el murmullo del público afrontaba el resultado al descanso con sorpresa. El videomarcador anunciaba que los 45 minutos restantes serían la oportunidad que tuvieran ambos para dar la vuelta o mantener la ventaja.

Pero no fue así. Si bien es cierto que el conjunto neerlandés buscó con todo lo que tenían la portería de Maier, la fortuna no estuvo de su lado y acabaron perdiendo el partido más importante de sus carreras. Poco antes de las seis de la tarde, Países Bajos veía con tristeza que el sueño se evaporaba.

El autor del único gol, Neeskens, veía pasar ante él la cruel sensación de haber marcado un gol en una final del mundial en el primer minuto de encuentro para ver, tras el partido, cómo todo se evaporaba. La dramática secuencia de la celebración se le escurriría entonces por una memoria que no olvidaría fácilmente esos momentos posteriores, en los que el gol era algo del pasado, en los que la confianza de saberse mejores les traicionó, hiriéndolos de muerte en un partido que ya era historia.

En declaraciones posteriores, los jugadores afirmaron que ese partido jugado 100 veces, "lo hubieran ganado 99". Pero el resultado era claro: 2 a 1 a favor de Alemania Federal. Beckenbauer acabó levantando la Copa del Mundo ante su público, ante su país, ante su afición. En la ciudad donde era Káiser con su club.

Tras la gran final en München - Anefo

Países Bajos había caído en el último escalón. En el más importante, en el más inesperado. Su torneo, después de esos 90 minutos, podría quedar en el olvido, después de una derrota que sería capaz de borrarlos de la historia, a pesar de que su capacidad futbolística los había llevado a una final por primera vez. Es muy

manida la frase de que "del segundo no se acuerda nadie". Pero con esta selección neerlandesa, tras finalizar el Mundial de 1974, pasaría a ser rotundamente falsa. El propio Johan Neeskens, años después de la derrota, afirmaría: "Nadie se acordaba del segundo hasta que llegamos nosotros".

CAPÍTULO 11

GANAR

Ganar es lo fácil. O no. La verdad es que quizá es una afirmación algo incorrecta. Vivir con la victoria es lo fácil. Eso quizá está mejor o es más correcto. Nos han enseñado a querer ganar y, en definitiva, nos sentimos cómodos en la victoria. Necesitamos ganar.

En 2009, con la victoria de Pep Guardiola en la Copa Intercontinental, se hablaba, en cierto modo con sorna, de que al haberlo ganado todo a nivel de club, podía incluso retirarse. Irse en la cima, después de haber ganado con mucho trabajo a Estudiantes de La Plata en Abu Dabi. Casi nos podría haber parecido lógico a los que vivimos en esa inmensamente poblada clase social llamada gente del montón.

Sin embargo, lo de ganar es adictivo. ¿Puede alguien cansarse de ganar? ¿De ser el mejor? Yo hubiera contestado, rápidamente, que sí, pero ahora pienso que estaba en un error. Quizá sea más bien cansarse de hacer día a día lo que es necesario para ganar. Eso ya tendría más sentido. Quizá es más correcto. No es fácil autoexigirse tanto durante mucho tiempo. Creer que lo que quieres es tan importante que te pidas más cada

día. Por eso los mitos lo son, porque no se cansan de querer serlo. Por eso los absolutamente grandes tienen esa aureola, sea cual sea la disciplina en la que dominen o hayan dominado. Por esa razón todos esos serán eternos. Y yo no.

Alemania Federal había triunfado ya en 1954. Era la primera vez que llegaban a la final de un mundial y lograron llevárselo a casa desde Berna. La historia es caprichosa, pues si en 1974 era Países Bajos la que parecía favorita y elegida por el aficionado para ser campeona del mundo, en Suiza lo era la selección nacional de Hungría. El Mundial de 1954 llevaba impreso el nombre de los "Magiares Mágicos". Su superioridad a la hora de jugar en todos sus partidos parecía poner en jaque a cualquier rival. Esa selección, con Sebes como capitán del barco, maravilló por igual a sus aficionados y a sus rivales. Una generación gloriosa, uno de los equipos más importantes de la historia de este deporte. Una escuela que cambió el fútbol y que, a pesar de todo, no consiguió sino rozar con la yema de los dedos el campeonato del mundo de 1954.

Casi nos suena la historia, ¿no? Casi es punto por punto lo que pudieron vivir quienes vibraron con el campeonato mundial de 1974. Alemania Federal llegaba como anfitriona. Y quizá a la final llegaba como secundaria después de la unanimidad a la hora de decantarse todo el mundo por la frescura de los neerlandeses. Pero sus armas eran muy capaces de ser protagonistas, como demostraron.

En 1954, Sepp Herberger tenía entre sus disponibles a algunos de los mejores futbolistas del momento. Entrenó a Alemania casi 30 años, desde que la recogiera en 1936 hasta su retiro en 1964. Incluso varios años antes, desde 1932, formó parte de su staff como ayudante del técnico titular. Esa selección aprovechó bien sus armas, con grandes nombres como Fritz Walter o Helmut Rahn. A pesar de que la Hungría de Sebes dio los primeros golpes, con goles de Puskas y Czibor cuando apenas se habían jugado diez minutos, la respuesta de Alemania Federal no se iba a hacer esperar, consiguiendo igualar el partido antes del descanso. Con el 2 a 2 en el marcador, un tanto de Rahn a pocos minutos del pitido final dio el trofeo a los alemanes.

La nación germana era una fiesta y se presentaba al mundo con ganas de liderarlo, después de los años oscuros de la Segunda Guerra Mundial. El despertar de Alemania era un hecho. En 1954 se cerraron muchas heridas en suelo alemán que seguirían abiertas en otros puntos de Europa y que iban a marcar la manera en la que el mundo miraba al país teutón, no solo a nivel político o social, sino desde el prisma competitivo del deporte. Demasiadas facturas por pagar y demasiado gen ganador en una selección que sería vista siempre como el rival a batir.

*Cruyff saludando a Beckenbauer antes de la
final del 74 - Anefo*

Dijo Paul Auster que el fútbol era un invento "que permitió a Europa odiarse sin destruirse". A través del fútbol se han canalizado duelos y revanchas de un peso brutal, como seguro se habrá hecho a través de múltiples deportes y plataformas. Pero con el apoyo y la trascendencia de este deporte queda claro que toman una importancia capital casi sin pretenderse. Como hemos dicho, separar ciertas cuestiones de lo que supone socialmente un "combate" futbolístico para las comunidades en las que nos movemos es un error de cara a analizar los efectos de este deporte a nivel mundial.

Y si bien algunas de las heridas de los años 40, para Alemania, pudieron ser cerradas en esa final de Berna en 1954, el choque ante Países Bajos podría suponer auparse al escalón de las grandes naciones futbolísticas. En nueve mundiales jugados hasta la fecha (desde 1930 y con el parón de la Segunda Guerra Mundial), hubo cinco ganadores, incluyendo a Alemania. Italia y Uruguay habían ganado dos torneos, Alemania e Inglaterra solo uno y Brasil, incluso, era campeona ya en tres ocasiones. El reto de poder igualar a italianos y uruguayos ante Países Bajos significaba estar en la élite del fútbol internacional. Y en casa, ante su gente.

La selección de Helmut Schön prometía. Si bien en 1974 se miraba mucho a Johan Cruyff, la figura antagónica de Franz Beckenbauer tenía un peso similar. El líbero alemán llevaba años liderando el proyecto colosal del Bayern Múnich, siendo la piedra angular junto a otros miembros de la selección como Sepp Maier, Uli Hoeneß, Georg Schwarzenbeck o el letal Gerd "Torpedo" Müller. En 1974, habían encadenado tres títulos de la Bundesliga seguidos, manteniendo un duro duelo con el Borussia Mönchengladbach de Weisweiler. De ese equipo llegaba también talento a raudales a una selección a la que no le cabían todos en el once inicial. Rainer Bonhof, Berti Vogts, Herbert Wimmer o Jupp Heynckes llegaban desde Gladbach, además de otras grandes figuras del fútbol germano, como Grabowski o Hölzenbein, del Eintracht Frankfurt o Netzer y Breitner, que ya habían embarcado en España, a bordo del Real Madrid.

Si bien la contribución fue abundante por parte de grandes equipos, era el Bayern Múnich quien llevaba la voz cantante, como lo fuera la voz del Ajax en la convocatoria de Michels para Países Bajos. En 1974, el club se había hecho con su primer título de la Copa de Europa, a doble partido ante el Atlético de Madrid. Sería el primero de los tres torneos seguidos que lograría. Incluso ese hecho les ponía delante en el espejo al equipo de Ámsterdam que junto a Michels y Kovacs logró dominar Europa años antes. Y lo cierto es que el protagonismo y el antagonismo de Ajax y Bayern Múnich entre 1965 y 1975 parece sacado de un guion cinematográfico. Incluso sus dos estrellas, el Flaco y el Káiser, habían rivalizado en la secretaría técnica del FC Barcelona para ser el fichaje de relumbrón para dotar al equipo culé del empuje necesario para acabar con la sequía de títulos. Pero ya sabemos quién acabó por ir al Camp Nou... Y el resto es historia.

Años después, tras los mejores días de ambos en el fútbol de élite, recalarían en el creciente fútbol estadounidense, creando un nuevo escalón compartido. Copando la historia de curiosidades, ambos firmaron también, en el ocaso de sus carreras, con el eterno rival del equipo de sus vidas. Mientras que Johan Cruyff lo hizo con el Feyenoord, Franz Beckenbauer lo haría con el Hamburgo. El 14 y el 5 siempre irían en paralelo, con respeto mutuo y con una competencia total que llegaría a unir sus nombres para siempre, en un duelo brutal que, si ha sido replicado de algún modo, ha sido con las figuras de Messi y Cristiano Ronaldo en la actualidad.

En la edición de 1974, Franz Beckenbauer, que era dos años mayor que el delantero neerlandés, llevaba a sus espaldas otros dos mundiales, disputados con su país en 1966 y en 1970. Su contribución en ambos fue, como era de esperar, básica. En 1966 llegaron a la final y se les escapó ante la anfitriona en un duelo muy controvertido, pero en 1970 la Alemania de Beckenbauer volvía a rozar la final, siendo derrotada por Italia en un partido que siempre es nombrado como uno de los mejores de la historia de los campeonatos del mundo.

Si bien ese torneo de 1970 se lo llevó la célebre Brasil de Pelé y Zagallo, cuentan que el duelo entre Italia y Alemania tuvo mucho que ver en cómo llegaron los italianos a disputar ese encuentro final. Un partido de desgaste, que se fue incluso al minuto 120 para resolver la duda de quién acompañaría a Brasil en la final. Si Schnellinger logró que el partido se fuera a la prórroga en el 90 de partido, Gianni Rivera, héroe italiano, logró decantar la balanza en el minuto 111, después de cuatro goles en el añadido (uno de Burgnich, dos de Müller y uno de Riva). Con el 4 a 3, Italia se mediría a una Brasil que lograría hacerse con su tercer mundial de fútbol, ante los ojos de una Italia que podría haber cambiado la historia de los mundiales ante la *seleção* liderada por Pelé.

El equipo alemán tras la victoria en München
- Anefo

Alemania tuvo otra oportunidad en 1974 y supo aprovecharla, jugando de manera práctica ante los muchachos de Michels. En casa, con el pensamiento en los Juegos Olímpicos de 1972, en la final perdida de Inglaterra y el tropiezo ante Italia, también con Schön en el banquillo, Alemania supo encontrar motivación de sobra para ganar su mundial. Alemania cerraba así una época de ensueño.

Su peso en el mundo del fútbol no tiene discusión y su capacidad para enfrentar adversidades con sangre fría, paciencia y análisis, tampoco. Alemania Federal era en su mundial una de las grandes potencias junto a Brasil, Polonia y la propia Países Bajos y resultó la ganadora por saber leer mejor el juego de su rival y cometer menos errores.

El favoritismo de los neerlandeses a veces no nos deja ver la realidad indiscutible de que los de Schön eran, además de un equipo brillante, un conjunto que se

permitía conceder muy pocas opciones a sus rivales. Siempre sobresalientes en la planificación, en la toma de decisiones y, sobre todo, concentrados en el objetivo. Su camino hasta la final demuestra un crecimiento evidente, que deja muy claro que la selección que se vio en la primera fase era radicalmente inferior a la vista en la final o ante Polonia en el partido previo. Alemania Federal solo había perdido un partido en todo su camino, precisamente contra sus vecinos del este, en el último partido de su primera fase. Antes ya había vencido ante Chile y Australia. Después, en el duro reto que suponía la segunda fase, esperarían Yugoslavia, a la que vencieron con autoridad por 2 a 0, Suecia, que les puso en problemas para acabar ganando 4 a 2, y el gran combinado de Polonia.

El conjunto polaco tenía grandes motivos para querer vencer a los germanos, igual que los tenía Países Bajos en la final. Polonia fue una de las grandes damnificadas antes, durante y después de los conflictos surgidos en Europa a comienzos del siglo XX. Su participación en el mundial venía refrendada por un nivel espectacular a los mandos del seleccionador Kazimierz Gorski y con estrellas de la talla de Gadocha, Lato, Tomaszewski o Deyna, la estrella de la selección polaca en el Mundial de 1974. Lato, de hecho, acabaría siendo máximo goleador con siete dianas, por delante de Neeskens (Países Bajos) y su también compañero Szarmach, con cinco. Müller, el primer representante alemán en la lista, iría al siguiente escalón, con cuatro goles, junto a Edstrom (Suecia) y Rep (Países Bajos). En la expedición de Polonia, sin embargo, faltaba alguien muy especial. Sin duda alguna, uno de los grandes nombres del fútbol europeo en la época y, con pocas dudas, el mejor jugador de esa Polonia: Włodzimierz Lubański.

El delantero de Gliwice se perdió el Mundial de 1974 por una lesión que le apartaría de la oportunidad de haber hecho a Polonia aún más grande en un torneo en el que terminó como tercera, venciendo en el partido por el tercer y cuarto puesto a Brasil. Su calidad era incontestable y su presencia hubiera dado un plus significativo. En ese escenario, Polonia no pudo sino recibir a Alemania Federal con lo mejor que tenía, para aguantar el 0 a 0 hasta que Gerd Müller, en el minuto 76, lograra el único gol del partido. Si con Lubański hubieran logrado llegar a la final es una incógnita, pero lo que es cierto es que Polonia podría haberse presentado como una selección mucho más difícil de ganar y con un potencial mayor para taladrar la portería contraria.

En esas consiguieron los de Schön llegar a la final con Países Bajos, después de observar durante todo el torneo, como hicieron seguro sus rivales, al equipo de Michels en pleno apogeo jornada a jornada. Ese estudio del rival, que en aquella época era mucho más austero y carecía de los métodos actuales, de seguro sirvió para saber que, aunque pequeños y escondidos, la selección neerlandesa tenía puntos débiles. La Mannschaft ganó el segundo mundial de su historia en 1974, en Múnich, ante casi 80 000 personas. Se colocó junto a Uruguay e Italia en el segundo escalón histórico de selecciones, añadiendo a ese palmarés una Eurocopa, lograda en 1972.

Su camino seguiría, hasta consolidarse como uno de los equipos más temidos del mundo del fútbol. En 1980 y 1996, otras dos Eurocopas y en 1990 y en 2014, otros dos mundiales de fútbol. Además, la Copa Confederaciones de 2017. Junto a esos títulos, amargas derrotas, como la de 1976 ante Checoslovaquia, con el famoso penalti de Antonin Panenka ante Sepp Maier en la Eurocopa de Belgrado, o la de 2002 ante Brasil, en el Mundial de Corea y Japón.

En la memoria también esa final perdida ante Argentina en 1986, casi olvidada por ese "Gol del Siglo" de Diego Armando Maradona ante Inglaterra en cuartos de final (que lo envolvió todo), así como la derrota alemana ante Paolo Rossi en el Mundial de España de 1982.

No sé si ganar va en los genes. No sé si en los alemanes proliferan muchos de estos. Pero lo que está claro es que, para ganar mucho, hace falta perder mucho también.

Entender que, para ganar, ante todo, hay que cuidarse de no cometer errores. Observar, crecer y aprender de todo lo que tenga previsto tu camino. Sobre todo, de las caídas.

CAPÍTULO 12

PERDER

Os voy a contar una historia. Nos vamos en este caso a Italia. Corría el año 1922, en el norte del país transalpino. Malos tiempos. El fascismo daba sus primeros pasos en el país, que empezaría a escuchar cada vez más el nombre de Benito Mussolini. Ese mismo año daría un golpe de estado por el que se haría dueño del gobierno italiano. El miedo al comunismo, las mentiras de sus discursos y ganarse el trato de favor de la clase burguesa italiana le harían más sencillo el camino al *Duce*.

En julio de ese aciago año para la política y el futuro de Italia, nacía en la región del Véneto un niño llamado Giovanni. En Villorba, una pequeña comuna de Treviso, la familia Pinarello crecía con la llegada de Gio. Era el octavo hermano y aún llegarían algunos más. Creció al calor de la familia y de la gente de un pueblo donde todos se conocían. Y pronto dejaría claro que su primer amor iba a ser la velocidad, que enfocaría en el deporte y en la carretera. Las dos ruedas iban a ser su salida. Siendo aún muy joven, parecía que el ciclismo iba a ser su salida. Nani, como lo llamaban, empezaba un ascenso fulgurante por hacerse un sitio en el incipiente ciclismo de la época. Con apenas la veintena, logró hacerse con la llamada *Popolarissima*, una carrera de Treviso que auparía sus ambiciones para poder seguir ganando y empezar a ver el ciclismo como un medio de vida. El deporte no daba para mucho, pero encontró la manera de apostar por ello y empezar a competir en las grandes carreras de Italia. En una época dorada en la que algunos grandes nombres empezaban a hacerse gigantes, Nani se hizo un hueco con mucho trabajo ganando varias decenas de carreras amateur.

Tras varios años compitiendo pudo hacerse profesional, donde las cosas no le irían tan bien como esperaba. En particular, el Giro de Italia le daría una lección que cambiaría su vida para siempre. La costumbre en la famosa carrera italiana era premiar al ganador con la *Maglia rosa*, un jersey que marcaba al líder de ese año y que suponía un enorme honor para quien lo recibía.

En los años 30, Gino Bartali dominaba ya los focos y los pedales. Había ganado varias pruebas grandes, como el Giro, pero la guerra interrumpía su ascenso como uno de los más grandes de la historia. Sus batallas contra Valletti se hicieron famosas años antes del parón por el conflicto. En su equipo, Legnano, corría un tal Fausto Coppi, que en esas trabajaba por la victoria de Bartali, pero que prometía mucho en el ciclismo nacional. En 1940, esa calidad de Coppi le valió para convencer al equipo y al propio Bartali de que podía ir a por el título.

No solo ganó, llegando a Milán con la malla rosa, sino que había resultado el ciclista más joven en ganar el Giro. Su gesta llamó la atención de todos, aupándole en el panorama nacional. Solo 24 horas después, Italia iría a la guerra. El ciclismo y las vidas de demasiados quedaban en suspenso. En 1946, con la vuelta de la competición, las cosas habían cambiado. Bartali y Coppi eran ya rivales, cada uno liderando en un equipo. Ese duelo daría carnaza al ciclismo transalpino algunos años más y Coppi es aún el corredor con más títulos del Giro en su haber, empatado con el belga Eddy Merckx y con el también italiano Alfredo Binda.

Pero volvamos a Nani, que seguía compitiendo y luchando por su sueño. Había encontrado en Bartali un gran amigo, que le apoyaba en todo momento. En la 34 edición del torneo participaba en el Giro de 1951, en el que el italiano Fiorenzo Magni se aupó en lo alto del podio, por encima de Van Steenbergen y Kubler. En ese año, Nani fue último de la general. Por ello, le dieron la *Maglia nera*, un premio de consolación que suponía un reconocimiento a la labor de quien, en una carrera tan exigente, llegara último.

Nani se sentía, de alguna manera, herido, pero sabiendo que no era ni mucho menos una vergüenza. Esa malla negra simbolizaba para él estar allí, cumpliendo su sueño, codeándose con lo más grande del ciclismo internacional, junto a Bobet, Magni, Coppi o el propio Bartali, quien al término del Giro dijo de Giovanni: "Eres el maillot negro del ciclismo... pero el maillot rosa de la vida". Sus palabras supusieron un enorme honor recordado en el mundo del ciclismo, que perduraron con el tiempo. Solo un año más tarde, en 1952, seguía entrenando para estar de nuevo en el Giro, pero en el último momento cedió su sitio para que lo ocupara Pasquale Fornara, un joven que se había quedado sin lugar tras ser desahuciado del equipo de Coppi. Ese año decidió dejar los pedales. Giovanni dejaría de montar en bici profesionalmente, pero no se separaría de ello. La bicicleta era su vida y se prometió seguir dentro de ese deporte que le había dado todo. Por ello, utilizó el dinero que su equipo le dio por retirarse para crear un taller en Treviso. Nacía Cicli Pinarello. Giovanni le puso su apellido al nuevo taller y comenzaría no solo a reparar bicicletas sino a crearlas. Innovar mediante su experiencia para tratar de hacer las mejores bicicletas del mundo. Creciendo poco a poco, junto a muchos ciclistas que decidieron apostar por su marca, e invirtiendo en carreras patrocinadas, premios y equipos ciclistas, Pinarello comenzó a ser lo que es hoy: una de las empresas referencia en cuanto a material ciclista. La historia de Giovanni Pinarello, de alguna manera, habla de derrota, pero también de victoria. Habla de trabajo, de sueños y de ilusiones. Habla de no rendirse, de aprender y, sobre todo, de interpretar una derrota. De saber escoger con qué te quedas cuando pierdes. Y es que lo malo que tiene perder es que puedes llegar a obsesionarte con ganar.

En 1974 es un poco lo que le pudo pasar a Países Bajos. Tras larguísimos años en el dique seco, Rinus Michels dotó de capacidad a la selección neerlandesa para encarar la opción de ganar un mundial, algo que meses antes parecía imposible a pesar de tener a todo un Johan Cruyff en sus filas. La idea de Michels primó, cumplió y, en el último escalón, cayó. El plan necesitaba un rendimiento total en todo momento para que, ante un rival como el alemán, no sufriera infortunios. Demasiadas claves en un equipo que, al leve tambaleo, podría descomponerse. Y, en efecto, se derrumbó. Ese año todavía no lo sabían, pero el mundial de fútbol se iba a convertir, para Países Bajos, en una obsesión.

El combinado neerlandés había caído en el último paso. Todo el mundo esperaba la victoria de la selección que parecía dejar en Alemania Federal el mejor fútbol del momento. Después de vencer a Uruguay, a Bulgaria, a la Alemania del Este, a Argentina, de vencer a la vigente campeona, Brasil, dejando un fútbol exquisito... Después de todo eso, los anfitriones les mostraban la dura cara de la derrota en el último capítulo del Mundial de 1974. Todo parecía terrible en las cabezas de quienes lo vivieron de cerca. Los jugadores incluso no entendían qué había pasado, aunque algunos sí veían claro que habían sido víctimas de su propia calidad.

Alemania Federal había crecido a lo largo del mundial. Habían ido puliendo ciertos detalles de su juego hasta crear un sistema que garantizara poder convertir las ocasiones claras que tuvieran y, además, evitara los errores flagrantes que pudieran poner en problemas la estabilidad de sus partidos. Pocos errores, jugadores diferenciales, buena puntería. Los de Schön parecían tener buenos argumentos para enfrentarse a todos. Y el añadido de jugar en casa. Múnich, en la región de Bavaria, se planteaba como una ciudad amable para la Mannschaft germana. Además, la ventaja que no tuvieron otros de ver, casi durante un torneo completo, los entresijos de su rival.

Ya hemos hablado de las dificultades que existían para el estudio de los rivales de la época por parte de los equipos técnicos. Olvidémonos de internet y de las grandes páginas web de datos que hoy nutren el saber futbolístico en cualquier parte del mundo. El fútbol existía en los campos y, a veces, en alguna televisión. Para los equipos era vital hacerse con imágenes y reportes de prensa para conocer a los rivales. Y esta ocasión no iba a ser distinta. Alemania Federal, como hiciera Países Bajos, observó a su rival durante todo el torneo, pendiente de sus pasos por el revuelo que su juego había montado en la Copa del Mundo.

Todos los medios hablaban del talento de Cruyff (quizá el más conocido a nivel internacional), pero también de los métodos de Michels, que mostraba por vez primera sus técnicas e ideas, ya vistas en el Ajax y en el Barcelona, exportadas a una selección nacional. Todo conocimiento era poder y la selección germana necesitaba contrarrestar la capacidad del Fútbol Total del General Michels con su Países Bajos.

Cruyff protestando al colegiado, Taylor, en la final - Anefo

Perder también es entender que en algo se ha fallado. Mucho se habló de las manías de Cruyff, de la ausencia de Jan van Beveren o de la necesidad de un delantero centro goleador. Mucho se habló de la poca confianza que generaba en ocasiones Jongbloed, de las dudas en defensa, de los huecos generados por el movimiento casi permanente de los efectivos sobre el césped. Mucho se habló de los posibles errores. De los componentes que pudieron hacer fracasar a una selección que parecía tenerlo todo.

Solo cuatro años después, Argentina organizaba su mundial. Grandes planes para una selección que había aprendido precisamente también de una derrota. De una imagen. Del caos de la generación recibida por Cap, a la planificación exhaustiva de César Luis Menotti, que llegaba con renovada ilusión y, sobre todo, tras un ciclo brillante a los mandos de Huracán en Argentina. Sus métodos bebían de ese nuevo orden creado en torno al fútbol de los años 70. Era un avanzado. Un teórico y, sobre todo, un amo de la palabra. De la retórica y del convencimiento. Usar la lírica en cuanto a lo que sucede en el campo de fútbol también sirve. Con los de fuera, pero también con los de dentro. Los jugadores bajo el mando de Menotti entendieron el plan y lo ejecutaron.

En ese año 1978, en medio de un profundo pesar nacional provocado por las tensiones políticas y la represión en el país sudamericano, el fútbol surgía como una de las pocas razones para sonreír en las calles de ese país. Países Bajos estaría de nuevo en un mundial, aún con la herida de Alemania, aún con la certeza de que merecieron más. Encuadrados en un grupo junto a Escocia, Irán y Perú, los de Ernst Happel a punto estuvieron de llevarse un susto en primera fase. Tras empatar ante Perú (mucho más fuerte de lo que podría parecer, con jugadores emblemáticos como Teófilo Cubillas o Hugo "Cholo" Sotil) y perder ante Escocia, con goles de Dalglish y Gemmil (por partida doble), Países Bajos pasó a la siguiente ronda solo por haber encajado menos goles que los británicos, con quienes empataron a puntos.

Rep y Rensenbrink eran de nuevo las estrellas de la selección, esta vez sin Johan Cruyff. El mito neerlandés se había negado a viajar a Argentina tras el intento de secuestro que sufrieron en 1977. En abril de ese año, un hombre armado sorprendió a Johan y su esposa Danny en su casa, mientras los hijos de ambos dormían a pocos metros. A pesar de haber sido un intento infructuoso, ese hecho acabó por convencer a Cruyff de no viajar con los de Happel, a pesar de que tanto compañeros como el propio seleccionador intentaron convencer al 14. Ese cambio no propició demasiados giros en los planes del entrenador austriaco. Exentrenador en Países Bajos, España y Bélgica, Happel no era precisamente un férreo defensor del modelo neerlandés que se vio en 1974, pero la plantilla y el modo de jugar que habían

vivido todos los años juntos implantaron un modelo que era difícilmente modificable.

Además, hasta bien entrado 1977, el propio Cruyff, emblema del modelo y, sobre todo, del sistema, exigía que las cosas no se movieran demasiado de las expuestas por Michels años antes. En ese sentido, Happel se amoldó a lo que ya había, respetándolo incluso después de la renuncia de Johan Cruyff a la selección y acatando las decisiones ya tomadas sobre roles, convocatorias y, sobre todo, sobre el estilo a llevar a cabo en el nuevo Mundial de 1978 en Argentina. Sí se notó la apuesta de este por algunos jugadores que, aunque no aparecieron ese año y estaban ya en 1974, sí ganaron cierto peso en Argentina.

Los gemelos Van de Kerkhof, René y Willy, son el mejor ejemplo de ello. Jugadores ya en la selección en la cita anterior, fueron realmente importantes en los planes de la *Oranje* en el torneo argentino. Su contribución fue notable y Happel los tenía como piezas fundamentales. También algunas caras nuevas, como Jan Poortvliet, jugador del PSV que funcionó muy bien en defensa durante todo el mundial, el centrocampista Boskamp, quien tuvo el duro reto de llevar la 14 en ese torneo, o Nanninga, una apuesta de la que hablamos de manera ligera pero que en 1978 fue capital.

Dick Nanninga era un delantero de los que llamaban la atención. Con una altura cercana al 1.90, era un jugador goleador con tendencia a rematar de cabeza todo lo que le llegara y con facilidad para superar defensas. Su potencia y su capacidad física le hacían completamente distinto a la clase de jugadores ofensivos en los que había confiado cuatro años antes Rinus Michels (y al que más se hubiera parecido en sus tiempos de jugador). Su carrera fue breve y casi toda en Países Bajos, con una leve parada en Hong Kong. Ese delantero preocupaba, y mucho, a Menotti que, en la previa de la gran final en Buenos Aires, trató de saber, por activa y por pasiva, si Happel querría tenerlo sobre el campo. Su superioridad física imponía y Menotti temía que pudiera ser clave en caso de que el partido se complicara para los suyos. Quería tener un plan y, sobre todo, saber si el gigante de Groningen estaría en el césped del Monumental. El delantero no sería titular en ningún partido, pero entró en un total de cuatro.

En el más importante, en la final, Johnny Rep le dejaba el sitio casi a la hora de partido. Solo le hicieron falta 20 minutos sobre el campo para que pudiera igualar el tanto que Kempes había anotado en la primera mitad. Argentina se echaba las manos a la cabeza. Menotti sabía que esto podía pasar. La final se iba a la prórroga. Y de nuevo, a los neerlandeses les tocó perder. Tras un balón al palo de Rensenbrink, que pudo suponer un giro dramático para la anfitriona, Kempes lograría el 2 a 1 y, poco después, Bertoni firmaría el resultado final de 3 a 1. Otra vez perder. Otra vez viendo ganar. Otra vez contra un anfitrión, a la selección de Países Bajos le tocaba tragar saliva, felicitar al rival y salir de allí sabiéndose segundos.

Nada había cambiado en cuatro años a pesar de que hubieran salvado la importante baja de Cruyff o las dudas en la primera fase. Todo se iba a torcer en la final. Otra vez. En los mundiales siempre se torció algo. Si bien es cierto que, en 1988, el propio Michels conseguiría el título de la Eurocopa con una generación majestuosa, que lavaría la cara a Países Bajos y que les haría verse de otro modo a través del éxito de los Rijkaard, Koeman, Gullit o Van Basten. Una generación ganadora, que no solo triunfó en el fútbol de selecciones, sino que lograría aparecer en los grandes equipos ganadores en la década siguiente.

Pasaría mucho hasta que la selección neerlandesa tuviera otra ocasión para hacerse con el mundial. Ese desafío pendiente. Y sería precisamente contra España, en 2010. Y sería esta selección la que haría sufrir de nuevo a Países Bajos. Dos equipos que no habían ganado nunca en un torneo mundial frente a frente en Sudáfrica, en un continente que jamás había podido albergar un evento de estas características. Muchas cosas nuevas. Salvo la de siempre. Esta vez sería un muchacho pequeño, hábil, que se había roto varias veces ese año, el que rompería sus sueños. De hecho, fue duda en la convocatoria y apenas sabían si podrían contar con él para la gran final. Andrés Iniesta, nacido en un pueblo de Albacete, taladraría, en otra prórroga en una final, la meta de Países Bajos.

Otra vez la *Oranje* sufriendo en un mundial. Otra vez perdiendo. Otra vez.

CAPÍTULO 13

EL LEGADO

Supongo que a quienes nos gusta comunicar encontramos cierto sentido en el hecho de transmitir algo a los demás. Yo siempre he tenido la suerte de haber recordado a lo largo de toda mi vida muchas historias curiosas que contar en las reuniones de amigos y familiares. Siempre me entusiasmó aprender nuevas, interesarme por muchos temas y relacionarlos, encontrar esas telas de araña que componen a veces la historia de todas las cosas. Por algún motivo, además, creo que no se me da mal contarlas.

En ese aspecto, entender que las ideas y las historias se convierten en otras al relatarlas es inevitable. Por mucho que tratemos de replicar una historia al cien por cien, siempre habrá pequeños cambios que la hagan nuestra, nueva. Cuando hablamos de maestros, siempre debemos entender que lo que nos enseñan no son solo las cuestiones que entran dentro de sus planes, sino que, a veces sin quererlo, nos regalan pequeñas partes de ellos mismos. Esos pequeños detalles que nos permiten muchas veces relacionar rápidamente un pensamiento, un hecho, un conocimiento, con aquella persona que nos lo enseñó. Y qué bonito es saber que

nos llevamos algo de aquellos que nos enseñan. Esa especie de souvenir con el que sentirnos nostálgicos.

Creo que el mejor viaje en el que podemos embarcarnos es ese. Intentar entender cómo un mismo recuerdo puede llevar a diferentes personas a sitios muy distintos. A una voz, a un sonido, a un olor... Cómo el mismo lugar, la playa, a unos los llevará al olor de una paella con su familia, a otros al sabor del salitre mientras el sol les tuesta la piel y, a otros, como a mí, los llevará a los veranos con la familia en el Cantábrico. Cuántos momentos guardamos dentro, sin sacarlos. Cuántas historias que no sabremos nunca, si no las pasamos. Si no las hacemos nuestras a la hora de darlas a otro, para que este las haga suyas, de recordarlas, cuando las cuente a otros en un futuro que quizá ya no veremos. Esa inmortalidad de las ideas siempre me ha cautivado. En la historia y en todo lo que la rodea, muchos han hecho de algunas tradiciones, otras, para continuar con el legado en el futuro. Todo vuelve, se suele decir.

Y es que esa realidad nace de la transformación de las ideas que en algún momento alguien conoció y enseñó a otros que, en su entorno, en su momento, dándoles matices y evolución, las mostraron al mundo. En el fútbol pasa lo mismo. Muchos maestros, a lo largo de la historia, han tratado de emular las ideas de uno u otro, sin saber que el simple hecho mismo de trasladarlas a una época distinta ya las convertía en copias inexactas, que vivieron del ayer y que bebían del hoy. Pautas, tácticas, posiciones, movimientos, estrategias... todo evolucionando para dar lugar a algo que se adapte a la actualidad desde el pasado.

Una especie de "replicante" que se adapte tanto a la nueva época que sea imposible distinguirlo de los humanos. Me gusta ver el fútbol con la mirada de un *Blade Runner*, emulando los pasos de Harrison Ford en su papel en la célebre película de los años 80, tratando de buscar esos gestos del pasado en movimientos del ahora. Hoy, cuando los equipos parecen haber encontrado una vía perfecta para la victoria, enseguida aparecen nuevas ideas que parecen tirar por tierra esa capacidad de ganar para poner a prueba, de nuevo, el ciclo vital. Viejas ideas adaptadas a nuevas realidades para imponerse en un mundo globalizado que permite mirar cada zona de este mundo con la precisión de un bisturí para aprender, copiar y conocer lo necesario.

En ese plano, hablar de legado es hablar de enseñanza. Transmitir lo que uno sabe y en lo que uno cree, a veces incluso sin la intención de hacerlo. Cuando hablamos de la Países Bajos de 1974, lo hacemos de una selección que significó un punto de inflexión importante dentro de la historia del fútbol. Sin duda no fue el único equipo que abrió las puertas a lo que venía, pero quizá sí el que más lejos llegó en ese Mundial que supuso el fin de tantas cosas y el comienzo de muchas otras. Uno de esos puntos destacados en la línea del tiempo de un deporte en el que, en la actualidad, cuesta más ver conceptos y matices que no se hayan visto y repetido a lo largo de la historia. Los años 60 y 70 fueron especialmente importantes en ese sentido, con muchos innovadores que rebuscaron con intensidad para lograr encontrar los caminos que marcarían los retos de las décadas siguientes. También mirando al pasado, también copiando y volviendo a construir la idea, sabiendo que el triunfo generaba precisamente eso: copias.

Si algo hemos podido aprender sobre lo que genera la victoria es precisamente esa capacidad para hacer que los demás se fijen en ti. Si bien es cierto que el Mundial de 1974 se lo llevó la anfitriona, fue Países Bajos a la que miraron todos para intentar aplicar algunas de las características de su juego. La presión, el cambio posicional, la lectura de juego de los futbolistas, la precisión a la hora de intercambiar roles, la polivalencia, la capacidad de jugar sin 9, la importancia de las bandas, el espacio utilizado por Cruyff, la metodología de entrenamiento de Michels, la posición de los laterales del equipo, el rol del portero, la omnipresencia de Jansen, la importancia de la clase de jugadores como Haan o Van Hanegem... Mucho de dónde coger que, sin duda, venía de la mente del General pero también de los muchos recursos que había visitado en el tiempo en el que estuvo construyendo su idea de juego. Y, sobre todo, la suerte que tuvo a la hora de entender que, sin las piezas adecuadas, esas ideas podían quedar en el tintero de su intelecto sin que pudiera exportarse a un campo de fútbol.

Otra de las cuestiones a valorar de lo que significó Países Bajos y su peso en 1974 fue la gestión de la tensión competitiva. Si bien Hungría había caído ante Alemania 20 años antes siendo un equipo más brillante que el de los germanos, a la selección de Michels la ganó, primero, el ego. Sus jugadores, como hemos comentado, dieron por buena la victoria ante la vigente campeona Brasil, facilitando que, en esa relajación, Alemania Federal encontrara con más facilidad las costuras a un equipo que venía rompiendo moldes en cuanto a la calidad de sus procedimientos. La clase de sus futbolistas, la automatización de sus jugadas y el increíble talento a la hora de ejecutar el plan de Michels no sirvieron de nada ante el baño de ego y confianza que regó a la plantilla tras la victoria ante la Brasil de Lobo Zagallo.

Los once del debut ante Uruguay - Anefo

Algo que ya parecía ser una certeza caía en el fútbol internacional: el fútbol había cambiado en pocos años. Y estaba convirtiéndose en algo a lo que muchos necesitarían adaptarse para poder competir con solvencia. Esa evolución parecía mostrar con claridad, en el duelo entre Países Bajos y Brasil en particular y en el Mundial de 1974 en general, que el fútbol había sufrido una vuelta de tuerca que rompería con todo lo anterior. Da un aviso y certifica que este deporte se iba a jugar de otra manera. Si los equipos conseguían liderar esa adaptación, competirían. Sin ella, estaban acabados. Así de potente, así de simple. Y los años 70 fueron el comienzo de una nueva etapa y el final de otra. El torneo mundial de 1974 en Alemania Federal, de alguna manera, significó entrar en un nuevo orden.

Fueron muchos los que quisieron implantar el modelo de Michels. Aunque no era sencillo. Y más allá de quienes lo intentaron, es más importante entender que, en gran medida, Países Bajos significó mucho también para quienes se situaban en las gradas o tras el televisor. Países Bajos animó a mirar el fútbol. Y más aún, mirar el fútbol con una mirada distinta. El juego se había convertido en algo más dinámico, más vertiginoso, más emocionante. Pocos equipos habían conseguido dar tanta emoción en un campeonato mundial más allá de la actuación de los neerlandeses. Todos los diarios hablaban de la capacidad de aquellos muchachos para hacer de ese deporte un entretenimiento mayúsculo. Un ejercicio de movimiento, velocidad, belleza y caos. Un desorden ordenado que respondía a los cambios que parecían asomar ya en el fútbol mundial y que iban a trasladar a un escalón superior la visión del fútbol y de quienes quisieran ser competitivos en él.

Solo cuatro años después, los efectos del Fútbol Total neerlandés se vieron en varias selecciones. Polonia, con algunos de los mimbres que brillaron cuatro años atrás y con el entonces asistente de Górski a los mandos, Jacek Gmoch, fue uno de los ejemplos. A pesar de que no pasó de segunda fase, donde quedó por detrás de Argentina y Brasil, volvió a ser superior a muchos de sus rivales, con Boniek y Lato como estrellas absolutas y superando incluso en la primera fase a la vigente campeona, Alemania Federal. Esa selección bebía directamente de los mimbres de la dejada por Górski, pero también de las innovadoras tendencias que marcó como moda la *Oranje* de Michels. La Austria de Senekowitsch, sorprendente hasta el final con un Hans Krankl protagonista.

Pero quizá el gran cambio se vería en América. Con el cambio en el banquillo de Brasil, Coutinho relevó a Zagallo en la búsqueda de implantar un sistema moderno, más enfocado en el físico, que llevara a sus jugadores a mejorar y poder competir contra las selecciones europeas. El descalabro de la selección brasileña no tuvo tanto que ver con la mano de Coutinho como con la falta de talento para ejecutar un plan aún en estudio y, en comparación, mediocre. Sin embargo, esos primeros pasos ayudaron a asentar una realidad que mejoraría en las siguientes ediciones, ya con Telê Santana como entrenador.

Lo que sí fue un paso evidente fue el dado por Argentina. Dejando atrás el modelo antiguo de Cap, Menotti había llegado ese mismo año 1974 para intentar implantar un nuevo modelo a la albiceleste. Sus éxitos con Huracán avalaban al técnico y su metodología, amparada también con ese halo otorgado por la retórica del protagonista, supo encandilar a jugadores y afición en una unión que, junto a la celebración del Mundial de 1978 en casa, dejaron ver un proyecto ganador, profundamente nacional, con jugadores de equipos solamente de Argentina (que luego irían volando a Europa) con el único caso de Kempes como añadido foráneo (en esas, ya en el Valencia). El éxito de la albiceleste del 78 precisamente ante la Países Bajos de Happel (sin Cruyff, pero con los mimbres del 74) reforzaron la idea de que el proyecto modernizador de Menotti en Argentina había sido exitoso.

Muchos fueron los cambios que, con el tiempo, se fueron implantando en grandes clubes de la historia y que tuvieron a bien utilizar algunos de los recursos de Michels y su Países Bajos del 74. El Anderlecht de Goetals, que había caído precisamente ante la *Oranje* de Fadrhonc en la previa del Mundial de 1974, deslumbró a finales de los 70 con muchos de esos conceptos, seguro que influenciado por la presencia en su equipo de Haan y Rensenbrink, así como lo hizo después con el Standard Liège a principios de los años 80. Arrigo Sacchi, entrenador de uno de los grandes equipos de la historia, el Milan de los 80, siempre se declaró un enamorado del Fútbol Total de Michels e incorporó características del modelo de Michels a un equipo que triunfaría sin discu-

sión hasta los cambios de normativa que acabaron por derrocar su juego. En ese equipo, jugadores como Gullit o Rijkaard, que en 1988 serían campeones con Michels en la Eurocopa celebrada, cómo no, en Alemania Federal. Y qué decir de lo que significó el Fútbol Total para Beenhakker, Van Gaal o el propio Johan Cruyff, que lejos de esculpir una imitación de la idea de Michels en el Ajax, en el Barcelona o en Países Bajos, ejecutaba desde la banda como lo hacía dentro del campo, con una versión libre y personalísima de ese juego caótico que solo fue capaz de ver y entender un cerebro como el suyo.

Pero quizá lo más importante que dejó esta generación de futbolistas fue la sensación de cambiar las cosas. Cambiar el pensamiento sobre la derrota. Dejar una enseñanza sobre lo que se puede lograr incluso en algo tan doloroso, cruel e injusto como lo que fue esa caída para aquellos jugadores, entrenadores, afición y espectadores que miraron, sufrieron y latieron con los partidos de la "Naranja Mecánica" de Cruyff y de Michels. Con esos héroes que, si bien no lograron un mundial, sí consiguieron dejar un gran regalo al fútbol de su presente y del futuro.

CAPÍTULO 14

EL RECUERDO

He utilizado la palabra héroe. Pero, ¿qué es un héroe? O, ¿qué es una gesta? Son términos confusos, personales, algo difusos en nuestro imaginario. Y es difícil responder a ese tipo de preguntas. Para cada uno, las situaciones y los escenarios son muy distintos. Cada hecho está valorado con el filtro de nuestras propias perspectivas, de nuestra experiencia vital. Y en esas preguntas podemos vivir un tiempo simplemente pensando en qué significa ser uno de esos. En qué significa ser tan grande como para ser partícipe de una de esas. Yo, si me lo permitís, prefiero contar mi visión. Pero como es ya mi costumbre, daré un rodeo. Hasta Grecia, para ser precisos.

En el sur de Europa, en Grecia y más concretamente en Tesalia, el monte Eta se levanta majestuoso entre la cordillera que mira a la costa a escasos kilómetros del mar. La silueta del país surge sinuosa de entre las aguas del Mediterráneo, creando canales por doquier, con múltiples accidentes geográficos caprichosos y desgastados por el mar. El dibujo ha cambiado con las décadas, con los siglos. El roce del tiempo también

ha moldeado los paisajes que fueron escenario de las grandes gestas que nos han llegado con la historia.

Si bien Heródoto y Homero nos acercaron los cuentos con los que crecimos, madurar y entender que muchos de ellos ocurrieron en realidad, rebobinando sin parar hasta encontrarnos con los pobladores de la Antigüedad. En esa zona entre el Eta y el Otris, transcurre el río Esperqueo en su viaje decidido hasta juntarse a las aguas del mar Egeo. En las aguas de ese mar, en torno al siglo V a.C., los barcos persas de Jerjes llegaron para hacer frente a las tropas aqueas, espartanas y tespias. Entre agosto y septiembre del año 480 a.C., muchos de ellos murieron lejos de sus casas, repeliendo el ataque de los persas en una zona aledaña a la desembocadura del Esperqueo.

A poco menos de un kilómetro un angosto desfiladero, llamado de las Termópilas, servía de aliado a las desiguales fuerzas griegas frente a los invasores. Rodeado de aguas termales de naturaleza volcánica, el ambiente estaba cargado de olor a azufre, a barro y a sangre. Durante varias semanas las tropas aguantaron, haciendo un daño irreparable a las tropas de Jerjes y provocando que solo una traición pudiera debilitar con rotundidad las esperanzas de la resistencia griega. Tras batirse en retirada gran parte del ejército, sabiendo que el fin estaba cerca, Leónidas, entonces rey de la ciudad estado de Esparta, aguantó junto a 300 espartanos para dar tiempo a los aliados de dar la voz de alarma y evacuar a la entonces amiga ciudad de Atenas.

Los 300 y su rey murieron poco después, masacrados en las Termópilas, mientras los persas avanzaban para conquistar una ciudad abandonada y unas tierras ya avisadas de su llegada. Con acierto, Leónidas decidió que la pervivencia de la cultura aquea bien valía su vida y la de sus hombres. En la actualidad, cerca de ese paso angosto que ya no es tan angosto pero al que seguirá acompañando ese olor a azufre, se levanta un recuerdo a las víctimas de aquella batalla y, en especial, a Leónidas y sus 300 espartanos. Hay pocas historias que nos remuevan tanto como las derrotas. Casi todas las culturas tienen alguna. Da igual que sea cultural, bélica, científica... duelen como pocas cosas. Y algunas, como esta de los 300 espartanos de las Termópilas, parece imposible que se olviden jamás.

Algunas derrotas se convierten en símbolos eternos, apelando a los sentimientos de quienes las hicieron suyas. Es fácil entender que muchos de los que en el siglo V a.C. vivieran estos sucesos, los contaran a sus hijos y nietos, esperando que la historia no muriera jamás. Por el tremendo agradecimiento a esos héroes que dieron la vida por ellos. La historia se va transmitiendo y se deforma, pero el valor de lo escrito, de lo contado, sigue perenne. A veces se convierte en leyenda. A veces, solo en un mantra que tener presente.

El deporte tiene muchos de estos símbolos en la historia. Shavarsh Karapetyan, Jesse Owens, Gino Bartali o Muhammad Ali son grandes ejemplos de nombres asociados a la gesta... y el fútbol no se queda atrás. El propio Harry Gregg, superviviente de ese Manchester United del 58 que nos arrebató un accidente aéreo en Múnich, se convirtió en un héroe al actuar rápidamente y rescatar a los pocos que sobrevivieron entre los restos del avión siniestrado. Su entereza traspasó las fronteras esperadas. Unas fronteras que siguen extendiéndose, con una historia de heroísmo que aun hoy se sigue contando. Él, como siempre dijo, hizo lo que creía que debía hacer. Supongo que como los 300 de las Termópilas. Supongo que como muchos de esos que consideramos héroes.

Pero la comparación es odiosa. Para mí, mi madre es una heroína. Porque levantó una familia en tiempos en los que parecía imposible. Para mí, mi padre es un héroe, porque venció monstruos que han acabado con hombres y mujeres más fuertes.

Así que dejémoslo en que hay héroes y hay heroínas. Que hay hechos formidables dentro de nuestras vidas que nos acompañan y que nos convierten en otras personas. A veces más doloridas. A veces más fuertes. A veces más despiertas. Pero que, sobre todo, siguen ahí. Vivas. Imperceptibles a veces, pero pendientes de un descuido. Acechando. Esperando a que las necesitemos para abordarnos con el recuerdo. Para darnos ese impulso necesario. Recordar es necesario.

Cualquiera podría decir que el año 1974 empezó un uno de enero. Claro que sí. Pero pocos recordarán que empezó un martes. Muchos de los que estén leyendo esto, probablemente, jamás lo supieron hasta llegar a estas líneas, por no haberlo vivido. El que lo viviera, si tuvo esa suerte, tampoco lo recordará, como no recuerdo yo qué comí exactamente hace un mes.

Los recuerdos son sensatos. Saben qué quedarse y qué soltar. Y ese año hubo momentos que, seguro, en su tiempo parecieron trascendentes. Ese año, el Nobel de literatura se lo llevarían dos suecos: Eyvind Johnson y Harry Martinson. El triunfo de la cultura escandinava no se quedaba ahí, puesto que ABBA, grupo también sueco, ganaba en Eurovisión con su célebre tema "Waterloo". Se celebró poco tiempo antes de comenzar con el Mundial de Alemania Federal, en Brighton, Inglaterra. En el certamen, Países Bajos quedaría como tercera clasificada, por detrás de Italia y justo por delante de Reino Unido y Luxemburgo. Lo hizo con la actuación del dúo neerlandés Mouth & MacNeal, que se llevaron 1 puntos del resto de países por interpretar la canción "I see a star".

Siguiendo con la música, los Beach Boys publicaban su álbum *Endless Summer*, que recogía la estupenda "Surfin' USA", que rompió moldes y traspasó décadas. Ringo Starr sacaba "Goodnight Vienna", mientras que su excompañero de andanzas en The Beatles, John Lennon, hacía lo propio con un disco cuyo título podía venir muy a cuento con la rivalidad que surgiría en el grupo A del Mundial entre las dos Alemanias: *Walls and bridges*, Muros y puentes.

En los Oscar triunfó Coppola con la segunda parte de *El Padrino*, siguiendo la estela brillante de la primera, con un eterno Brando, pero añadiendo la siempre estimulante figura de De Niro interpretando a Vito Corleone en sus años de juventud. Esa dupla, Brando y De Niro, es la única que ha logrado ganar un Oscar interpretando al mismo personaje (Marlon Brando lo hizo dos años antes y Robert de Niro ese mismo año). Hasta seis estatuillas ganó la cinta de Coppola, que también se llevó la suya a casa como Mejor Director. En los Globos de Oro, sin embargo, triunfó *El Exorcista*, de Friedkin, que atemorizó a toda la población de Estados Unidos con el caso de la pequeña Regan MacNeil.

Siguiendo con el cine, se estrenaba ese mismo año *El hombre de la pistola de oro*, una más de la conocidísima saga de James Bond, esta vez interpretado por Roger Moore, con Britt Ekland como "chica Bond" y con el grandioso Christopher Lee como el cruel Scaramanga (personaje imaginado por Ian Fleming como un despiadado asesino catalán).

En el deporte, Giacomo D´Agostini ganaba en 350 c.c. mientras el norteamericano Phil Read lo hacía en 500 c.c., solo un año antes de que el italiano le relevara en esa categoría. Iba a ser, el de 1975, el último de sus títulos en la máxima categoría, que iba a ser el octavo de su carrera. Björn Borg empezaba a mandar en París como lo hacían sus paisanos, ABBA, en Eurovisión, ganando su primer Roland Garros (lo haría cinco veces más). Los Dolphins de Larry Csonka ganaban la Super Bowl y los Boston Celtics hacían lo propio con la NBA, después de derrotar, con una actuación estelar del brillantísimo John Havlicek, a los Bucks de Milwaukee. En fútbol, los goles en Europa los había marcado Yazalde, Bota de Oro ese año con el Sporting de Portugal, que iría semanas después a Alemania Federal a representar a su país en la Argentina de Vladislao Cap.

En Argentina, Banfield ganaba por 13 goles a 1 a Puerto Comercial, con 7 tantos de Juan Taverna, el resultado más abultado del fútbol argentino para aquel entonces. En España, el Barcelona de Cruyff se llevaba la liga y el Real Betis ascendía a primera mientras que el Real Madrid de Molowny se hacía con la Copa d'El Generalísimo. En Europa, el Bayern Múnich dominaba en la Copa de Europa, junto al Feyenoord, que se hizo con la UEFA. En Sudamérica, Independiente de Avellaneda se llevaba la Libertadores. La Lazio se hacía con la Serie A, el Bayern sumaba doblete en Alemania con la Bundesliga y en Inglaterra mandaba el Leeds United.

Probablemente muchos no habíamos nacido en 1974. Y, aun así, sabemos que hubo grandes gestas ese año. Ha sido mi labor buscar y encontrar. Quizá os sirva para ganar algún quesito, en el futuro, jugando al *Trivial*, o quizá para dejar a todo el mundo con la boca abierta en medio de la comida de Navidad. Lo que está claro es que muchos de nosotros ignorábamos algunas de estas cuestiones, si no todas. Algunas o todas eran ajenas a nuestras vidas hasta que llegamos a estas líneas, que nos han abierto una puerta que, quizá, no se vuelva a abrir jamás. Y valorar el peso o el valor de lo que hemos leído le corresponderá al tiempo juzgarlo, ni siquiera a nosotros.

Lo cierto es que estos datos, que para nosotros no son nada más que hechos triviales, para otros pueden llegar a serlo todo. Cualquiera de estos hechos será recordado por alguna de esas personas que tuvieron la fortuna de vivirlos. Seguro que muchos están guardados en uno de esos espacios especiales que todos tenemos en la memoria. Momentos de tristeza, de alegría, de conexión. Momentos de esos para enlazar con un instante, con un olor, con una luz, con una palabra, con una persona... Momentos que nos hacen ser por unos instantes, esos que fuimos. Por eso tiene valor cuando un hecho trasciende incluso nuestro propio nacimiento. Esas historias son las que nos cuentan. Las que llegan a nuestros oídos. Las que nos regalan, a menudo, momentos extra. De esos que no hemos vivido pero que conocemos con pelos y señales. Como cuando, en el grupo de amigos, alguien cuenta una historia tantas veces que, sin haber estado, la recordamos como si la hubiéramos vivido.

Este Mundial de 1974, este torneo en el que Países Bajos perdió y en el que Alemania Federal ganó, es uno de esos casos. Siendo aficionado al fútbol, es difícil no haber oído hablar de lo que fue esa selección, de lo que fue Rinus Michels como entrenador, tanto con esta generación como con la de 1988, así como en el Ajax y en el Barcelona. Es casi imposible ser aficionado al fútbol y no haber oído hablar de Cruyff, de sus fintas, de sus regates, de sus goles. De sus gestas incluso como entrenador. De sus logros como futbolista, ganando tres premios del Balón de Oro. Aunque solo sea por haberlo oído cuando comparaban los que ganaban Messi o Cristiano Ronaldo en los años en los que está escrito este libro. Necesitamos ejemplos e historias como la de la selección nacional de Países Bajos en 1974.

Su historia, sus protagonistas, nos regalan la enseñanza de que perder o ganar, a veces, es algo muy relativo. Incluso en algo tan influenciado por la competitividad como el deporte. Cuando perder o ganar se disipan y lo que queda es el camino, sabemos que podemos estar ante algo especial. En ese año 1974, Países Bajos pudo sentirse un poco como los 300 de las Termópilas. Quizá les costó borrar de su cabeza ese pensamiento negativo enlazado con la derrota, porque el deportista siempre quiere ganar, pero acabarían por verse como esos héroes caídos, que sirvieron para algo más que para ganar un torneo.

Y, como en todo, lo realmente llamativo es cómo este equipo significó la confluencia de ciertas situaciones sociales, históricas y deportivas en los 90 minutos de partido en los que se jugó la final de la Copa del Mundo. El fútbol se convierte de manera automática en un lugar de revancha, que pone en juego algo más que un balón.

Por ellos, por su historia, por esa sensación a la hora de indagar en su camino, en su construcción o en los nombres que la hicieron posible, merece la pena que cuando nos hablen en el futuro de esa generación neerlandesa en el año 1974, nosotros sepamos que en algún lugar de la memoria, se ha quedado el mensaje. Hay uno futbolístico. Hay otro sentimental. Ganar perdiendo. Saberte eterno, como Leónidas y sus compatriotas. Que esos hombres de naranja, encabezados por Rinus Michels y su plan, liderados por Cruyff y su calidad y seguidos por tantos nombres, tantas piezas y tantas historias, fueron capaces de hacer historia.

AGRADECIMIENTOS

Este libro ha sido escrito con mis manos, pero mis ideas nacen de juntarlas con las de muchos otros, que me han servido para componer todo lo que habéis leído o vais a leer. Y no habría sido posible sin la participación, en mayor o menor medida, de multitud de personas que aquí intentaré citar.

Tengo que dar las gracias a mi hermano Rubén por todo el trabajo que hizo leyendo, editando y volviendo a leer, ayudándome en todo lo que pudo en el tiempo que pudo y quiso dedicarme. A mis hermanas Sílvia, Chus y Ana, siempre por detrás pendientes de todo, intentando que no me desviara y animándome durante todo el camino. A mis padres, Miguel y Chus, por dármelo todo y por ser todo para mí.

A mis amigos, los de siempre, porque gracias a ellos soy quien soy: Sergi, Dani, Timi, Marcos, Toni, Pedro, Diego, Manu, Javi... y sus respectivas parejas. Gracias a vosotros soy lo que soy. A Patri y Raquel, por proyectar todo su cariño en forma de fe y apoyo en mí y en mi trabajo. A Valentina, por convencerme de que era capaz. A Carolina, por ser siempre la persona con la que encontrar paz en medio de la guerra. A Berta, por ayudarme a creer que podía terminarlo. A Juan, por ser tan buen amigo en todo momento y confiar en mi libro antes de que lo escribiera. A Charlie, a Sofía, a Sara, a Sheyla y a muchos compañeros y profesores de la facultad, que seguro que se han cansado de oírme hablar siempre de fútbol. A Pablo Marcos, por aprender a decir Países Bajos en vez de Holanda y por darme su opinión cuando tuve dudas. A toda la gente de Blanquivioletas, por ser casa siempre.

A Alberto Cosín, por su paciencia y confianza desde el minuto uno. A Juan Arroita, porque ya hace muchos años que fue capaz de meterme el gusanillo de crear una obra y publicarla. Al "profe" Sergio Vilariño, que me contestó a todos los WhatsApp del mundo pidiéndole corroboración y consejo. Gracias a él quiero mucho más al fútbol histórico.

A Dani Souto, por darme toda su confianza, flexibilidad y ayuda. A Borja Pardo y Cris Caparrós, por creer en mí antes que nadie para empezar a escribir sobre fútbol.

A Fernando Evangelio, por salvar todas las dificultades, responder "sí a todo" sin casi explicarle nada y regalarme ese prólogo que espero que hayáis disfrutado. Mil gracias, Fernando, de verdad.

Gracias eternas a Javier y al equipo de Footballia, a Carlos Castellanos, a Sara Carmona, a Matías Palacios, a Menno Pot, a Javi Roldán, a Àlex Heredia, a Eduardo Ustariz (Kun), a Eusebio Sacristán y a tantos a los que pido perdón por ayudarme en este viaje y no sumarlos a esta lista por falta de memoria. Tenéis todo mi agradecimiento y cariño.

A *Panenka*, *Don Balón*, *Líbero*, *Ecos del Balón* y a todos los que son y fueron parte, por hacerme amar el fútbol y las letras como lo hago. A todos y cada uno de los compañeros y proyectos que hicieron de mí lo que soy. Gracias porque hace no mucho yo os leía y escuchaba y hoy os considero a muchos de vosotros compañeros y amigos.

Y a ti, que estás leyendo esto y has pagado y te has interesado por leer algo mío, pues es el mayor privilegio que puedo tener como escritor y como periodista.

Gracias.

BIBLIOGRAFÍA

COUTO LAGO, Á. (2018). FÚTBOL TOTAL. LOS ESTRATEGAS QUE HAN CAMBIADO LA HISTORIA. BASE.

COUTO LAGO, Á. (2021). LAS GRANDES ESCUELAS DE FUTBOL MODERNO. FÚTBOL DE LIBRO.

CRUYFF, J. (2013). FÚTBOL. EDICIONES B.

CRUYFF, J. (2016). 14. LA AUTOBIOGRAFÍA. EDITORIAL PLANETA.

GARCÍA, J. L. (2021). LOS ANOS DEL JOGO BONITO. T&B.

JAN, E. (2013). EL JOVEN CRUYFF. EDICIONES B.

KOK, A., LÓPEZ, J. B., & PERELLO (2021). JOHAN CRUYFF: SIEMPRE AL ATAQUE. GEOPLANETA.

KUPER, S. (2012). AJAX, THE DUTCH, THE WAR: THE STRANGE TALE OF SOCCER DURING EUROPE'S DARKEST HOUR. BOLD TYPE BOOKS.

PEREIRA, M. L. (2015). NOCHES EUROPEAS: HISTORIA DE LAS COMPETICIONES EUROPEAS DE CLUBS. T&B EDITORES.

ROLDÁN, F. J. (2020). RINUS MICHELS: LA ESCUELA HOLANDESA LLEGA AL BARÇA. LIBROFUTBOL.COM.

WILSON, J. (2018). LA PIRÁMIDE INVERTIDA: HISTORIA DE LA TÁCTICA EN EL FÚTBOL. DEBATE.

WINNER, D. (2012). BRILLIANT ORANGE: THE NEUROTIC GENIUS OF DUTCH FOOTBALL. BLOOMSBURY PAPERBACKS.

ARTÍCULOS DESTACADOS

ARRIBAS, C. (2014). GIOVANNI PINARELLO, CONSTRUCTOR DE LAS BICICLETAS DE INDURAIN. EL PAÍS. HTTPS://ELPAIS.COM/DEPORTES/2014/09/30/ACTUALIDAD/1412112841_352599.HTML

COMAS, J. (2006). «ME FUI DE LA RDA POR LAS PRESIONES DEL PARTIDO COMUNISTA». EL PAÍS. HTTPS://ELPAIS.COM/DIARIO/2006/06/14/DEPOR-TES/1150236017_850215.HTML

DIDONATO, D. EL PADRE DEL 4−4−2 Y DEL DÍNAMO DE KIEV QUE IMITA-RON MICHELS, CRUYFF Y GUARDIOLA. LÍBERO. HTTPS://REVISTALIBERO. COM/BLOGS/CONTENIDOS/EL-PADRE-DEL-4-4-2-Y-DEL-DINAMO-DE-KIEV-QUE-IMITARON-MICHELS-CRUYFF-Y-GUARDIOLA

EDWARD. (2017). PARKING THE COACH: RINUS MICHELS | TWOHUN-DREDPERCENT. 200%. HTTPS://TWOHUNDREDPERCENT.NET/PAR-KING-COACH-RINUS-MICHELS/

FORJANES, C. (2019). JOHNNY REP: «BAD BOY», ICONO POP Y PICHICHI DE HOLANDA EN LA HISTORIA DE LOS MUNDIALES. AS.COM. HTTPS://AS. COM/FUTBOL/2019/03/04/CHAMPIONS/1551664041_179683.HTML

LEÓN, D. (2016). CRUYFF Y EL PASE LARGO | ECOS DEL BALÓN. HTTP://WWW.ECOSDELBALON.COM/2016/04/CRUYFF-ESTILO-OFENSI-VO-DREAM-TEAM-GUARDIOLA-KOEMAN/

OJEDA, D. (2019). LA DEMOCRACIA ACABÓ CON EL AJAX DE CRUYFF. EL CONFIDENCIAL. HTTPS://WWW.ELCONFIDENCIAL.COM/DEPORTES/FUT-BOL/2016-10-10/JOHAN-CRUYFF-AJAX-BARCELONA-TRASPASO-AUTO-BIOGRAFIA_1272431/

QUINTANA, M. (2016). CRUYFF CON(TRA) BECKENBAUER | ECOS DEL BALÓN. HTTP://WWW.ECOSDELBALON.COM/2016/05/JOHAN-CRUY-FF-FRANZ-BECKENBAUER-CARRERA-ESTILO-FILOSOFIA/

REDACCIÓN. (2014). HOLANDA 74: LA NARANJA MECÁNICA. EL GRÁ-FICO. HTTPS://WWW.ELGRAFICO.COM.AR/ARTICULO/0/5503/HOLAN-DA-74-LA-NARANJA-MECANICA

ROJAS, A. (2016). ¿QUIÉN FUISTE, JOHAN? (PARTES I Y II) | ECOS DEL BALÓN. HTTP://WWW.ECOSDELBALON.COM/2016/04/ANALISIS-TACTI-CO-JOHAN-CRUYFF-COMO-JUGABA-FUTBOLISTA/

OTROS RECURSOS

DIARIO AS

FOOTBALLIA

ECOS DEL BALÓN

EL GRÁFICO

MARCA

MUNDO DEPORTIVO

REVISTA PANENKA

REVISTA LÍBERO

WIKIMEDIA

SOBRE EL AUTOR

Miguel Ruiz es lector por herencia, curioso de nacimiento y periodista por vocación, Miguel Ruiz es vallisoletano, estudia periodismo en la Universidad de Valladolid y lleva gran parte de su vida ligado a la comunicación futbolística. Apasionado de la historia, la literatura y el fútbol, se ha centrado en su labor como analista y relator de fútbol en el histórico e internacional, tratando de entender el cómo y el porqué de las distintas realidades futbolísticas del ayer y del hoy. Actualmente colabora en diversos medios digitales, como Balón en Profundidad, Sphera Sports, La Media Inglesa o Blanquivioletas, así como participa en diversos proyectos de radio, Twitch o YouTube, aportando su conocimiento y visión sobre estas temáticas.